BESTSELLER

Juan Miguel Zunzunegui. Nació en México en 1975. De ancestros mexicanos, españoles, austriacos y otomíes, es resultado de todos los encuentros de la humanidad a lo largo de la historia; por eso prefiere definirse como ciudadano del mundo y mestizo de todas las culturas. Ha publicado más de veinte libros. Es licenciado en Comunicación, especialista en filosofía y en religiones, maestro en Materialismo Histórico y doctor en Humanidades.

 @jmzunzu

JUAN MIGUEL ZUNZUNEGUI

Masiosare, nuestro extraño enemigo

DEBOLS!LLO

El papel utilizado para la impresión de este libro ha sido fabricado a partir de madera
procedente de bosques y plantaciones gestionadas con los más altos estándares ambientales,
garantizando una explotación de los recursos sostenible con el medio ambiente y beneficiosa para las personas.

Masiosare, nuestro extraño enemigo

Primera edición en Debolsillo: abril, 2023

D. R. © 2017, Juan Miguel Zunzunegui

D. R. © 2023, derechos de edición mundiales en lengua castellana:
Penguin Random House Grupo Editorial, S. A. de C. V.
Blvd. Miguel de Cervantes Saavedra núm. 301, 1er piso,
colonia Granada, alcaldía Miguel Hidalgo, C. P. 11520,
Ciudad de México

penguinlibros.com

Diseño de portada: Penguin Random House
Ilustración de portada: © Rogelio Sánchez

ISBN: 978-607-382-856-7

Impreso en México – *Printed in Mexico*

Qué bonita es la venganza cuando dios nos la concede.
Yo sabía que en la revancha te tenía que hacer perder.
JOSÉ ALFREDO JIMÉNEZ

Los hombres fueron cayendo víctimas
de los mitos sin oponer resistencia.
ERNST CASSIRER

Para el mexicano la vida es una posibilidad
de chingar o de ser chingado.
OCTAVIO PAZ

No se establece una dictadura para salvaguardar una revolución.
Se hace una revolución para establecer una dictadura.
GEORGE ORWELL

Y cuando despertó, el dinosaurio todavía estaba ahí.
AUGUSTO MONTERROSO

¿QUIÉN ES EL CULPABLE?

México agoniza. El enfrentamiento fue simplemente épico, de magnitudes heroicas inconcebibles, todo un duelo de gigantes. Pero tras siglos y siglos de cruenta y terrible batalla, de eternos enfrentamientos, de un constante grito de guerra, México cayó herido fatalmente. Derrotado, sí, pero como un gigante, con la frente en alto, con pundonor y luchando hasta el final, con orgullo y bravía. Como deben caer los buenos machos.

Sí, pero cayó. México perdió tras siglos de guerra continua. Fue encontrado enojado, triste, confundido, aparentemente herido a traición, por la espalda, pues de otra forma jamás habría sido derrotado. Herido fatalmente, pero aún con vida… en un endeble intento por sobrevivir.

México agoniza. El águila y la serpiente contemplan confundidas al moribundo; todos están presentes en el lugar de los hechos, los eternos protagonistas y los compañeros de su vida. Ahí está el triunfante guerrero águila, el estoico tlatoani, el humilde Juandieguito, el glorioso charro cantor, el inocente de Pepe *el Toro*, el folclórico mariachi, el macho bravío, la madre sumisa y abnegada, la ruda Adelita. Pero ahí están también los despreciables villanos: el infame conquistador, el miserable vendepatrias, el dictador maldito, la india ladina, el político corrupto, el árbitro vendido, el holandés clavadista, el despreciable malinchista, el dinosaurio pelón... los temibles extranjeros.

Todos se presumen inocentes y se dedican miradas de "yo te lo juro que yo no fui". Todos ocultan la mano; pero es obvio que México ha sido apuñalado por la espalda. En el fondo todos saben quién es el culpable. Todos lo saben pero temen siquiera pronunciar su nombre; sólo hay un ser tan vil y tan monstruoso como para cometer ese crimen: Masiosare, el eterno, misterioso y extraño enemigo de México y los mexicanos.

En su lecho de muerte, México no deja de culpar al resto del mundo. Todos buscan culpables; es imperativo encontrar y señalar a Masiosare de una vez por todas, aunque en eso se vaya el último aliento. Ahí mismo, contemplando los estertores del agonizante, el águila y la serpiente no dejan de pelear.

Masiosare se esconde en el pasado, en la profundidad de nuestra mente, y detrás de muchos de nuestros mitos y traumas que nos destruyen como país, nos dividen como pueblo, y siguen alimentando a nuestro extraño enemigo. Por eso es imperativo recorrer nuestras mentes, nuestros mitos y nuestro pasado, descubrir a Masiosare y salvar a México.

NOSOTROS LOS POBRES:
EL MITO DEL PUEBLO BUENO

El culpable de la desgracia de México no podría ser el pueblo, siempre tan bueno y noble. Qué buenos somos los mexicanos y cómo nos encanta repetir eso. Somos honestos y trabajadores, tenemos grandes valores y tradiciones hermosas. Somos pobres pero honrados y consentidos de la virgencita; grandes creyentes en un país siempre fiel. Somos bailadores y cantadores, siempre generosos y siempre solidarios.

Somos un maravilloso y gran pueblo que vive de la chingada por culpa de una serie de factores ajenos a nuestra inocencia. Ya sabemos que nos jodieron los gachupines y los gringos, que nos saquean los extranjeros, que conspiran árbitros y jueces, que no era penal. Todo lo hacemos bien, pero todo nos sale mal.

Después de que los gachupines nos conquistaron y saquearon durante 300 años comenzó la verdadera rapiña: nos invadieron los franceses, los gringos y otra vez los franceses, ahora con un emperador austriaco traído con mentiras por los mexicanos.

Fuimos grandes pero nos conquistó el desgraciado de Cortés. Éramos libres y con futuro, pero el méndigo de Santa Anna vendió la mitad deshabitada del país; éramos una gran república liberal pero el cabrón de don Porfirio se hizo dictador. Tuvimos una gloriosa revolución social, pero... pero... pero nadie sabe muy bien qué pasó después. Luchamos por la democracia, pero nos sometió el PRI; podíamos ser ricos pero nos lo impidieron los pinches gringos. Votamos por Fox, pero el maldito no hizo el cambio... como Mejía Barón cuando, sólo por joder, a México o a Hugo, da igual, tampoco hizo los cambios.

Nosotros los pobres, tan inocentes... pero ustedes los ricos, tan cabrones, como evidencian las canciones y las telenovelas.

Nosotros el pueblo, tan bueno... pero el maldito gobierno siempre tan malo. Una democracia donde el gobierno, así de ladrón, mañoso y corrupto, evidentemente llegó de otro planeta, porque sería imposible que surgiera de un pueblo tan bueno.

El gobierno cínico y ratero, los políticos corruptos, los partidos avorazados, los burócratas huevones, los ricos tan abusivos, los intelectuales tan arrogantes, los nacos tan malandros, los mirreyes tan insensibles, los banqueros tan ladrones, los partidos tan coludidos, los empresarios tan ambiciosos, el pueblo tan apático, los sindicatos tan mafiosos, los cárteles tan violentos...

... Qué raro; de dónde saldrá tanto delincuente en un país tan noble, habitado por un pueblo tan bueno y piadoso.

El amanecer de 2017 llegó con una decisión huérfana, ya que al final nadie se adjudicó su paternidad: el gasolinazo. Los méndigos, desgraciados y malditos de nuestros gobernantes, que llegaron de Marte —pues sería imposible que la democracia los extrajera de un pueblo tan bueno y noble—, nos endilgaron otra medida más para seguir saqueando al pueblo, que como no está unido sigue siendo vencido diariamente.

Con petróleo que, según la leyenda patriotera, es de todos los mexicanos, el gobierno nos dio el feliz Año Nuevo con un alza al precio de 40% por vía de los impuestos, que definitivamente no son de todos los mexicanos, ni para pagarlos ni para disfrutarlos.

El pueblo se encabronó, no era para menos, por otro abuso más, de uno de los gobiernos más abusivos, que ha dado uno de los partidos políticos más abusivos en un pueblo que, según el mito que hace de sí mismo, no es abusivo.

La indignación contra el gobierno era totalmente justificada… así que en algunos puntos del país, parte del pueblo salió a las calles a entregarse al saqueo de tiendas de abarrotes, supermercados y almacenes… ninguno de ellos, por cierto, propiedad del gobierno, sino de otros elementos del mentado pueblo.

A primera impresión, el pueblo, enojado con el gobierno, se desquitó con el pueblo. De inmediato surgió la versión aclaratoria: el gobierno, siempre tan cabrón y tan marciano, había contratado a saqueadores para dar la imagen de que el bueno del pueblo no era tan bueno y debía ser reprimido. El pueblo de México es inocente: el saqueo lo hicieron alborotadores pagados, originarios de… vaya, de México, al parecer.

El bueno del pueblo se encabrona con el malo del gobierno, y sale a las calles a chingarse al pueblo. No es la primera vez en nuestra historia que ocurre algo similar. De hecho, la primera vez ocurrió nada más y nada menos que

13

en la primera elección democrática de la historia del país, en 1829. Primera elección que nos trajo al primer candidato derrotado que no aceptó su derrota, levantó al bueno del pueblo en armas y dio el primer golpe de Estado de nuestra historia.

En 1821 Iturbide obtuvo la independencia y fue aclamado por el pueblo, en 1822 fue vitoreado como emperador por el pueblo, y en 1823 fue derrocado por Guadalupe Victoria y Santa Anna… con apoyo del pueblo. En 1824 se juntó el primer congreso que proclamó la primera constitución, en la que se establece a México como una república federal con un sistema presidencial de periodos de cuatro años. Ese congreso eligió a Guadalupe Victoria como primer presidente de México… fue el único que terminó su mandato en los siguientes treinta años.

Durante su presidencia, el embajador gringo en México, Joel Poinsett, creó en nuestro país la Logia Masónica del rito de York y la Logia Masónica el rito escocés, ambas dependientes de la Gran Logia de Filadelfia, de la que casualmente Poinsett era gran maestro. Sin entrar ahora en detalles sobre la masonería, es suficiente saber que las logias eran los partidos políticos de entonces.

Para la elección de 1828 había varios candidatos, dos de ellos muy valientes y antiguos insurgentes, pero casi analfabetas: Vicente Guerrero y Nicolás Bravo, líderes de las respectivas logias. Ante este panorama, en que, sin importar quien ganara, quedaría bajo la influencia del embajador estadounidense, Victoria colocó a otro candidato: su ministro de guerra, Manuel Gómez Pedraza.

La elección se llevó a cabo, Gómez Pedraza ganó, Guerrero desconoció el resultado, y aunque Victoria lo invitó a aceptar la decisión y mantener la paz, el antiguo insurgente, con apoyo de algunos militares como José María Lobato, algunos políticos como Lorenzo de Zavala, algunos intrigosos como Santa Anna, y el respaldo del embajador gringo, desconoció los resultados y comenzó a buscar el poder por la vía de las armas.

El 30 de noviembre de 1828, con un gobierno y un congreso temeroso (hay cosas que no cambian), y ya que no se anunciaba un ganador, José María Lobato comenzó un levantamiento en nombre de Guerrero.

Entonces la multitud, el pueblo bueno, salió a las calles a protestar, hoy como entonces sin saber muy bien por qué, y ya entrados en gastos saquearon los comercios del Zócalo y el cercano mercado del Parián, que era como la central de abastos de entonces. El grito de guerra, el lema legitimador, el cántico heroico del bueno del pueblo, entregado al saqueo, era: "Viva Guerrero, viva Lobato, y viva lo que arrebato".

Dos décadas atrás, el bueno del pueblo que seguía a Hidalgo había cometido desmanes peores: la toma de Guanajuato fue una masacre a sangre fría y una rapiña desenfrenada; la toma de Celaya y Salamanca, lo mismo: entrar a las casas de cada habitante a sacar cualquier cosa de valor y apropiársela… todo por la independencia. El bueno del pueblo saqueó la ciudad de Valladolid, y más adelante la de Toluca en su camino a la Ciudad de México.

En las afueras de la capital fueron atacados por el ejército virreinal en el Cerro de las Cruces. El pueblo bueno vio por primera vez las balas de cañón, las piernas y las cabezas volando… Pero como no había nada que saquear en el bosque… el pueblo bueno abandonó a Hidalgo, quien se tuvo que retirar a Guadalajara, donde volvió a conseguir una multitud de decenas de miles, ofreciendo de nuevo al bueno del pueblo la posibilidad del saqueo.

Volviendo a Vicente Guerrero, así como el gasolinazo de 2017 permitió a parte del pueblo bueno conseguir sus regalos de Reyes, el levantamiento de Guerrero, conocido como Motín de la Acordada, otorgó al pueblo la posibilidad de abastecerse para Navidad y Año Nuevo. Los disturbios y los saqueos continuaron en diciembre de 1828, hasta que el 12 de enero de 1829 el congreso declaró presidente a Vicente Guerrero.

El antiguo insurgente tomó el poder en abril, y fue despojado de él en diciembre por su vicepresidente, Anastasio Bustamante, quien además lo persiguió hasta atraparlo y fusilarlo por traición a la patria. Así, acusados de traición a la patria, murieron fusilados los dos hombres que, con sus claroscuros, obtuvieron la independencia: Agustín de Iturbide y Vicente Guerrero.

En 1838 Francia invadió México en la estúpidamente llamada Guerra de los Pasteles, Santa Anna tomó su ejército y fue a Veracruz a atacar al enemigo, en el combate perdió su pierna, el bueno del pueblo se la robó. México perdió la batalla, y el pueblo bueno del puerto se entregó al saqueo.

En 1847 invadieron los estadounidenses. A principios de septiembre, cuando se dieron las batallas de Molino del Rey y de Chapultepec, el bueno del pueblo comenzó con el saqueo de comercios. Paradójicamente, el saqueo se detuvo cuando el ejército invasor entró a la capital, el 14 de septiembre, izó la bandera de barras y estrellas en el Palacio Nacional, y se desplegó por la ciudad para imponer el orden y evitar el saqueo.

En 1855 Santa Anna estaba en el poder por undécima y última vez, en calidad de dictador perpetuo y vitalicio, cuando una revolución nacida en el puerto de Acapulco, encabezada en lo militar por Juan Álvarez y en lo político por Ignacio Comonfort, y a la que decidió unirse Benito Juárez, exiliado entonces en Nueva Orleans, desconoció a Santa Anna.

Las tropas de la llamada revolución de Ayutla marcharon hacia la capital. Cuando ya estaban en Cuernavaca, nombraron presidente provisional a Juan Álvarez, Santa Anna huyó de la ciudad y el país… y el bueno del pueblo se entregó al saqueo.

Hablando de revoluciones podemos pasar a la de 1910, la de Madero contra don Porfirio que se convirtió en 20 años de masacre. El pueblo exigía la renuncia del presidente Porfirio Díaz, gran y único culpable de todos los males del país; en mayo de 1911 Pascual Orozco y Pancho Villa comenzaron la guerra contra el régimen tomando Ciudad Juárez. El pueblo se entregó al saqueo de comercios y la rapiña se extendió por varias ciudades. Comenzaron así dos décadas en las que el bueno del pueblo saqueó y mató al por mayor.

Como en 2017, como en 1828, el bueno del pueblo se encabrona con el cabrón del gobierno… y se entrega al saqueo, a desquitarse con el pueblo. El pueblo mexicano, eternamente frustrado, pues tras dos siglos de independencia no ha logrado ser libre, el pueblo eternamente sometido y engañado en un país de privilegios y privilegiados, el pueblo, dividido para poder ser dominado, se enfrenta contra sí mismo. Esa es la eterna historia de México.

Si el gobierno roba se llama rescate, y si el pueblo roba se llama rapiña… Esa fue una de tantas justificaciones que se escucharon en 2017; pero el pueblo que toma el robo del gobierno como pretexto para entregarse al robo, está demostrando de dónde salieron los ladrones que nos gobiernan. Misteriosamente, del bueno del pueblo.

El malo es el gobierno, el pueblo es noble y bueno… pero ¿de dónde salen entonces los políticos ladrones y corruptos…? Del pueblo.

¿De dónde salen los presidentes abusivos y cabrones…? Del pueblo.

¿De dónde salen los arrogantes intelectuales que critican al gobierno mientras chupan presupuesto de él…? Del pueblo.

¿De dónde salen los secuestradores y el crimen organizado…? Del pueblo.

¿De dónde salen los cárteles del narco, y de dónde sacan ellos a sus sicarios…? Del pueblo.

¿De dónde salen los mafiosos y asesinos líderes sindicales que atrasan cientos de años al país…? Del pueblo.

¿De dónde salen los empresarios que negrean a sus obreros por el salario mínimo…? Del pueblo.

¿De dónde salen los alborotadores y saqueadores, aun si son pagados por el gobierno…? Del pueblo.

¿De dónde salen los asesinos de las muertas de Juárez y del Estado de México…? Del pueblo.

¿De dónde sale el policía corrupto y el ciudadano que alimenta su corrupción…? Del pueblo.

Los que ponen bombas, los que queman autobuses, los que cierran universidades, los granaderos que los golpean, los infiltrados que avivan la llama del conflicto… todos salen del pueblo. Algo anda muy mal con este pueblo; algo no funciona, algo no encaja con la teoría de nuestra bondad intrínseca.

Vivir en la teoría del pueblo bueno y el gobierno malo nunca nos quitará la venda de los ojos y jamás nos permitirá salir adelante. Como el alcohólico, el primer paso es reconocerlo. Si fuésemos el pueblo que decimos ser, no tendríamos los gobiernos ni la sociedad que tenemos.

Y AHORA QUIÉN PODRÁ DEFENDERNOS: EL MITO DEL PUEBLO UNIDO

El pueblo unido, quién más para defender a un país que su pueblo. Todos sabemos que el pueblo unido jamás será vencido. Se ha gritado por generaciones en las calles del país; se ha escuchado el heroico canto en cada manifestación popular, ha estado en las pancartas de los acarreados y lo han grafiteado en sus bardas todos los nuevos revolucionarios. No hay verdad más grande y conocida que esa: el pueblo, unido, jamás será vencido.

Mala solución en realidad, pues ese fenómeno social, un pueblo unido, no se ha dado nunca en la historia de México. No hablemos sólo de la independencia en adelante; desde el siglo XVI toda la estructura virreinal se estableció para separar y mantener separado al pueblo. Antes de eso, para los que se empeñan en que el señorío azteca y sus conquistas de sangre eran México... bueno, no es que hubiera mucha unidad en Mesoamérica, ni que los sacrificios humanos y el canibalismo ritual hayan sido el resultado consensuado de un pueblo unido.

En 1521 decenas de pueblos de la muy dividida Mesoamérica marcharon unidos a Hernán Cortés para tomar

Tenochtitlán y acabar con el poderío mexica. A eso se le ha llamado ridículamente la conquista de México, cuando constituye su doloroso e incomprendido nacimiento.

El momento en que se conjuntaron los dos componentes básicos de México: lo español y lo indio, con todas las complejidades y las mezclas, tanto étnicas como culturales, que cada componente ya incluía, es el instante en que el pueblo que hoy somos comenzó a gestarse. Un pueblo que tuvo como origen la violencia y que nunca ha logrado superar ese trauma, en gran medida porque el trauma se enseña y se renueva de generación en generación.

Sobre los escombros del señorío mexica comenzó a forjarse el reino de la Nueva España. Toda la historia de una cultura llegó a su fin, como es común en la historia de la humanidad, y comenzó un proceso de mestizaje cultural que, tras el paso de siglos de mezcla, fusión, creación y destrucción, generó algo nuevo, eso que somos hoy: lo mexicano.

El principal conquistador, sin embargo, no fue el español o su Corona, sino su dios y su Iglesia. Muy pocos españoles vinieron a América; en 1621, un siglo después de la caída de Tenochtitlán, no había más de cien mil… aunque de unos 20 millones de indios que había un siglo atrás sólo sobrevivían 750 000. El guerrero más poderoso fue la viruela, que terminó por aniquilar a 97% de la población indígena en un siglo.

Eso significa que el territorio que en 1521 albergaba a 20 millones de seres humanos, 100 años después era hogar tan solo de un millón. Una catástrofe demográfica nunca antes vista en la historia. En el territorio que se conformó como México no volvimos a ser 20 millones sino hasta 1940; más de cuatro siglos tardó la recuperación.

La siguiente tragedia demográfica que tuvo México ocurrió precisamente en el siglo xx: de 20 millones en 1940 pasamos a ser poco más de 100 millones en el año 2000. La población se quintuplicó en medio siglo, en una época en que tanto la religión como el nacionalismo estaban de acuerdo en aquello de "creced y multiplicaos".

En el territorio que alguna vez fue el señorío mexica se formó un reino de división donde unos pocos miles de españoles, unos nacidos allá y otros acá, sometieron, con ayuda de algunos indios a través de los caciques, a todos los demás indios y mestizos. No había un pueblo sino un sistema de explotación que tuvo como pilar fundamental una conquista espiritual, y como principal objetivo, el enriquecimiento de unos cuantos.

A partir de 1535, y durante tres siglos de virreinato, se establecieron estructuras para separar al pueblo, entendiendo como tal el conjunto de habitantes del país. La división fue el pilar del sistema virreinal porque no había, ni entre los de arriba ni entre los de abajo, tal noción de pueblo. En realidad era un sistema en el que un núcleo muy pequeño de la población vivía en el lujo y la opulencia gracias al trabajo de las grandes masas… Quizás ahora se comprenda por qué el pueblo sigue dividido.

Trescientos años después de la llamada conquista, los descendientes de los conquistadores, que mantenían sometidos a los indios, iniciaron un proceso de independencia, entre otras cosas, para seguir teniendo sometidos a los indios. En 1521 México no fue conquistado porque no existía; pero los indios efectivamente fueron conquistados por los españoles, por su dios y, principalmente, por la madrecita santa de su dios. Los indios no se liberaron nunca. Ni con la independencia, ni con la revolución, ni con el régimen que surgió de ella y que aún padecemos.

La verdadera independencia, la del 27 de septiembre de 1821, la obtuvo un grupo de criollos ricos, terratenientes y aristócratas, al amparo de la Iglesia, con una viuda adinerada como autora intelectual, *la Güera* Rodríguez, y con el apoyo del gran inquisidor del reino, Matías de Monteagudo. Eran tiempos de libertad, igualdad y fraternidad en Europa, y los amos de este país no estaban dispuestos a perder sus privilegios... más o menos como en el siglo XXI.

Hidalgo, criollo y por lo tanto descendiente de los conquistadores, no luchó por la independencia ni logró conseguirla. Morelos, fiel representante del mestizaje étnico y cultural, luchó por esa independencia pero no tuvo éxito. Iturbide, representante militar de la élite de poder de entonces, fue el que la obtuvo. Es por eso que, ya como país libre, se mantuvieron intactas las estructuras sociales virreinales, prevaleció el dominio de muy pocos sobre la gran masa, y el pueblo nunca estuvo unido.

El 27 de septiembre de 1821 el pueblo mexicano celebró su independencia tras 11 años de guerras; el 28 de ese mismo mes comenzó de nuevo la batalla. Unos querían imperio y otros, república. De los primeros, unos querían monarca europeo, y otros, a Iturbide; de los segundos, unos decían ser centralistas, y otros, federalistas. México nació como imperio sin emperador en 1821, y a partir de 1822 con emperador que no imperaba sobre nada, hasta que fue derrocado en 1823. Entonces comenzó la república y la guerra del pueblo contra el pueblo por establecer el tipo de república.

El pueblo mexicano libre nació dividido, pues el criollo blanco había planeado liberarse de España, pero no liberar al indio de su servidumbre al criollo. Por eso en realidad muy poco le importaba a 90% del pueblo lo que este país fuera: la explotación no cambiaba, sólo se cambiaba de explotador.

España intentó reconquistar en 1829 y eso no unió al pueblo. Francia invadió en 1838, según nos cuentan en México nuestros libros y nuestros maestros, para cobrar la cuenta de unos pasteles; pero eso tampoco unió al pueblo. Estados Unidos invadió el país en 1847 y la Iglesia se puso del lado del invasor, con lo que cientos de miles de creyentes también; en Puebla, los soldados gringos pasaron como turistas, aunque para ser justos hay que decir que en aquel tiempo el pueblo tenía más miedo del soldado mexicano que del invasor yanqui.

En 1862 volvió a invadir Francia, y en 1864 Napoleón III impuso en el "trono de Moctezuma" al archiduque austriaco Maximiliano. Eso no sólo no unió al pueblo, sino que fue resultado de un pueblo dividido; porque finalmente fue parte del pueblo mexicano la que trajo a Maximiliano, y fue parte del pueblo, muchos indios incluidos, los que lucharon por defender su imperio.

Dos dictadores trataron de cambiar dichas estructuras en la segunda mitad del siglo XIX, pero ni Juárez ni Díaz triunfaron en eso de lograr que existiera un pueblo unido. Modernizar y transformar el país requería quitarle sus eternos privilegios a la Iglesia, y esa fue la principal división a la que se enfrentó Juárez en sus 15 años de gobierno no democrático: la Iglesia contra el Estado y, por lo tanto, el pueblo contra el pueblo.

Los tiempos de Juárez fueron de división entre conservadores y liberales; una vez que los primeros fueron derrotados, los segundos comenzaron a dividirse. De esa división entre liberales surgió el otro dictador: Porfirio, quien mantuvo al pueblo pacificado pero no en paz; quieto pero no unido. Y el proceso de industrialización que se dio durante sus tres décadas de dominio lo dividió aún más, y de manera más profunda, en muy ricos y muy pobres.

Con todos sus conflictos y sus complejidades, el proyecto liberal de Juárez (presidente, 1857-1872) continuó con Lerdo de Tejada (1872-1876) y se prolongó y se deformó con Porfirio Díaz (1876-1911). Aunque nunca pudo unir al pueblo, logró el progreso económico tan necesario para poder hacerlo, pues no hay pueblo unido donde no come todo el pueblo. Pero el progreso, mucho o poco que hubiera para 1910, fue destruido en 20 años de guerra civil, mal llamada revolución por los historiadores de quincena y libro oficial.

En 1910, cuatro siglos después de la conquista, y con 100 años de independencia, el proyecto fundamental seguía siendo que muy pocos vivieran como nobles con el trabajo de la mayoría... como siguió pasando en el siglo xx, y como pasa en el xxi. La división económica básica de un pueblo es muy simple: los de arriba y los de abajo; de acortar la división entre dichos extremos depende la unidad. El más rico y el más pobre del mundo no pueden ser parte de un mismo pueblo.

En la famosa revolución mexicana (así con minúsculas), todos nuestros "héroes" se mataron entre sí. Todos han pasado a la historia como buenos, tienen sus nombres en oro en el Congreso y "descansan" en el mismo monumento; pero el héroe Carranza mandó matar al héroe Zapata, el héroe Obregón mandó matar a los héroes Villa y Carranza, y cuenta la leyenda que el héroe Plutarco Elías Calles mandó matar al héroe Obregón. El héroe Calles, por cierto, fue expulsado del país por el héroe Cárdenas.

24

A principios del siglo XIX el proyecto de Guadalupe Victoria y Santa Anna fue quitar a Iturbide; el de Guerrero era quitar a Victoria; el proyecto de Bustamante era quitar a Guerrero, y el de Santa Anna era quitar al que estuviera. El de Juárez fue quitar a Santa Anna, y el de Díaz, quitar a Juárez.

A principios del siglo XX Madero tuvo un proyecto: quitar a Díaz; Victoriano Huerta tuvo su propio proyecto: quitar a Madero (con el cual estaba de acuerdo casi todo el país), lo que originó el proyecto de Carraza y Obregón: quitar a Huerta. Carranza se quedó con el poder, y unos años después eso generó el proyecto de Obregón: quitar a Carranza, proyecto que fue superado por el de Plutarco Elías Calles: quitar a Obregón.

De toda esta quitadera y ponedera surgió el PRI, con el proyecto de quitar y poner en orden… Décadas después el proyecto de Fox fue quitar al PRI, sin mayor propuesta. El proyecto del PRI fue quitar al PAN y volver, algo que logró, entre otras cosas, por la desunión de pueblo y políticos. Y el proyecto descarado de todo político del siglo XXI es quitar al que esté.

El pueblo unido, ese que jamás será vencido, se aniquiló a sí mismo durante la revolución, hasta que los matones sobrevivientes su unieron para formar un partido y mantener al pueblo desunido y explotado, pero convencido de su unidad y su liberación.

Finalmente, Lázaro Cárdenas estableció un sistema de control social que separa al pueblo en corporaciones y organizaciones, al estilo virreinal. En el virreinato el pueblo nunca luchó unido por sus derechos; luchaban las corporaciones: los mineros, los comerciantes, la burocracia, la Iglesia, los artesanos… Todos separados en grupos que velaban por el interés del gremio, y que así, gremialmente, negociaban con los gobiernos.

En el México posrevolucionario todo es igual: luchan, marchan y protestan los sindicatos obreros, las organizaciones campesinas, los sectores del partido, las organizaciones sociales… Todos dicen que el pueblo unido jamás será vencido, pero ninguno de ellos es el pueblo ni luchan por el pueblo; son un sector y luchan por los privilegios de su sector. Nada ha cambiado.

Diferentes líderes organizan y encauzan multitudes y colocan ese grito de guerra en su boca; los que más beneficios obtienen son dichos líderes, después los sectores inconformes… Nunca el pueblo. Todo el sistema político mexicano elaborado por Lázaro Cárdenas, y que era una combinación del modelo soviético y las antiguas formas virreinales, fue la gran estructura de poder del PRI y subsiste en el siglo XXI; ese sistema se basa en separar al pueblo, en manejarlo por sectores, en beneficiarlo por separado.

La unión hace la fuerza, por eso los poderosos siempre procuran aplicar la máxima contraria, aquella de "divide y vencerás". Los mexicanos, tan proclives al madrazo fácil, nos dejamos provocar al primer hervor y hacemos gordo el caldo de los políticos. Si estuviéramos unidos como decimos, no padeceríamos los abusos que padecemos. ¿Cuándo será el día en que México esté unido? Tal vez ese día sí lograremos derrotar a Masiosare, nuestro extraño enemigo.

LA HISTORIA CONSTRUIDA SOBRE MITOS

Hacer mitos no es algo de los mexicanos; es algo de los seres humanos. Toda la mente humana funciona mediante la elaboración de mitos; no se puede comprender la realidad sin ellos.

La humanidad ha creado mitos desde hace decenas de miles de años; desde que su conciencia les permitió percatarse de su existencia y de la del mundo, y desde que el lenguaje y el pensamiento abstracto le permitieron representar sus explicaciones de la realidad por medio de símbolos, es decir, de mitos.

Desde explicar el origen del mundo y el hombre, de los animales, de los elementos, del clima y las estaciones, la fertilidad y la cosecha, el orden y el caos, hasta explicar el orden de la civilización y la necesidad de dicho orden, siempre se han construido mitos. Toda sociedad depende de principios y valores para funcionar, y dichos principios y valores, inventados por cada sociedad según sus necesidades, son representados, transmitidos y enseñados mediante mitologías.

Así pues, desde espíritus del bosque, pasando por dioses olímpicos y nórdicos, hasta llegar a los Avengers y a la Liga de la Justicia, todo es mitología, todo es simbólico y todo transmite valores, principios, dogmas, ideologías. Con las historias nacionales de cada país ocurre lo mismo: una versión de la historia transmite al pueblo quiénes son el bueno, el malo y el feo; quién el héroe y quién el villano; quién el modelo a seguir, y quién el máximo representante del mal.

La historia es la memoria de un pueblo; el problema es que el pueblo no puede tener memoria. Es decir, los individuos, como los pueblos, tienen un pasado; pero los individuos poseen una memoria para recordar ese pasado, uno que vivieron, experimentaron y por eso quedó registrado dentro de su cerebro, en su memoria. Y aun así, ningún individuo tiene una memoria perfecta de su propio pasado, sino que éste está distorsionado por ideologías, religiones, cosmovisiones, prejuicios, complejos, traumas, etcétera.

Pero contrariamente al individuo, que es una realidad tangible, "el pueblo" sólo es una idea abstracta en la mente de los individuos. En ese sentido, el pueblo no existe y por eso no puede tener memoria. Existen individuos que tienen programada en su mente la idea de que son parte de un pueblo. Los individuos tienen también programada en su mente la llamada memoria de dicho pueblo. Esa memoria es la historia.

La situación es que cada individuo vivió y experimentó su propia vida y por eso la recuerda. Pero los individuos no vivieron ni experimentaron la historia del pueblo. Ningún mexicano de hoy vivió y experimentó la llamada conquista o el denominado mestizaje cultural; ninguno experimentó la muerte de unos dioses en manos de otro dios. Ninguno experimentó el virreinato y las castas; ninguno, la independencia, las invasiones extranjeras, las guerras religiosas, las revoluciones, las dictaduras.

Si ningún mexicano de hoy vivió y experimentó 500 años de historia, no puede tener memoria de ella; todo lo que puede tener es un aprendizaje histórico, que básicamente constituye una memorización: la memorización dictaminada por los libros y los maestros… en un país donde el régimen emanado de la revolución tenía el control de los maestros y del contenido de los libros.

En México la historia gira en torno de la glorificación de la revolución de la que surgió el PRI; en Francia, con 1 500 años de historia, su versión gira en torno de la revolución francesa; en Alemania, en torno de la unificación y la reunificación alemana; en China, con miles de años de historia, su versión gira en torno de la revolución comunista de 1949.

En Occidente la historia gira en torno a los griegos, pero no en el Oriente; los europeos giran en torno del cristianismo, y los árabes, en torno del islam. Dicho de otro modo: en todos los países, regímenes, culturas y civilizaciones, la memoria del pueblo es una construcción mitológica elaborada desde el poder. No existe la objetividad en algo tan humano como la historia.

El nacionalismo, como religión que es, como sistema de control y poder que es, como conjunto de principios y dogmas que es, requiere mitologías. En cada país se hace una historia nacional construida con pedazos de realidad, vistos desde la óptica de los poderosos de la época, mezclados con mitos de próceres y batallas, caídas y momentos de gloria, héroes y villanos, aderezados con necesidades políticas. Ningún país queda libre de eso.

La historia forma el alma colectiva de un pueblo; forma nuestras ideas, nuestros principios y nuestros valores. Una determinada visión de la historia puede catapultarnos al progreso futuro, o anclarnos a las supuestas glorias del pasado; darnos triunfos o derrotas, sueños o proyectos.

En todos los países se construyen mitos históricos, pero en casi todos se elaboran precisamente para unir y cohesionar al pueblo, para impulsarlo y motivarlo, para empujarlo a la grandeza. En México se erigió una mitología nacional inversa, que parte de una supuesta conquista, incluye miedos y traumas; que divide al pueblo, lo desmotiva y le arrebata cualquier sueño de grandeza. Se construyó una lastimera mitología de derrota, muy conveniente para un régimen que no nació con la intención de impulsar al país y a su pueblo, sino de tener el poder y no perderlo nunca.

Los mitos modernos de los pueblos están plasmados en su historia; en ella se plantean arquetipos básicos como los héroes, los villanos y los traidores. Debido a lo anterior, es vital hacer análisis, crítica e introspección para comprender los mitos y los traumas que nos atan al pasado, pero muy urgentemente, en calidad de intervención inmediata, comprender los mitos, los complejos y los traumas que nos hacen ser un pueblo dividido, rencoroso, intolerante, racista y violento. Porque todo eso somos; ahí está la terrible realidad mexicana mostrándonos la falsedad del mito del pueblo bueno.

Los mitos son parte fundamental de un pueblo y se envuelven dentro de la historia, se escriben en los textos y pasan a ser reales; pero hay que vigilarlos y analizarlos, ya que la historia genera el inconsciente colectivo de un pueblo, y nuestro inconsciente, hay que decirlo, contiene demasiados traumas, muchos de los cuales nos mantienen aferrados al pasado con un ancla tan pesada que ni más de 100 millones somos capaces de moverla. Tal vez porque tiramos en direcciones contrarias. División: el principal alimento de Masiosare.

RECORRIENDO EL PASADO:
NUESTRAS RAÍCES OSCURAS

México era un país maravilloso y edénico que existía desde la noche de los tiempos, donde no había maldad ni corrupción; todos éramos ricos, todos hermanos, y vivíamos en armonía con el cosmos, lo cual nos proporcionaba conocimientos místicos y esotéricos que eran la base de nuestra grandeza.

Tras unos 3 000 años de gloriosa historia, México era un imperio de bondad y sabiduría (donde era un honor ser sacrificado y canibalizado) gobernado por Moctezuma II. Fue entonces cuando comenzó nuestra caída, pues la peor escoria de un lejano, malévolo y ambicioso país llamado España llegó para someternos, esclavizarnos y robarnos toda nuestra plata.

Los siguientes tres siglos ni siquiera vale la pena contarlos; fue ese oscuro periodo en que cada español tenía un esclavo en México. Son los 300 años de abuso y saqueo que provocaron que hoy seamos pobres, y en los que la maldad intrínseca de los españoles se esparció por nuestro territorio y nuestros corazones, hasta que un patriota llamado

Miguel Hidalgo rompió las cadenas de la esclavitud y le devolvió la libertad a los aztecas, ahora misteriosamente llamados mexicanos.

Desde entonces somos libres, pero el daño ya estaba hecho. Tanto nos robaron los españoles, que aún en el siglo XXI no nos hemos recuperado, y seguimos siendo pobres pero honrados, y tenemos que vivir en una lucha constante para que nuestros enemigos de Extranjia (país de origen de los extranjeros) no vuelvan a conquistarnos para robarnos los recursos que aún tenemos.

Lo más abracadabrante de la anterior versión tan ridícula y tan caricaturizada de la conquista y la independencia de México es que tristemente está enterrada en lo más profundo de la mente de millones de mexicanos, porque así aparece en muchos libros oficiales y así lo han transmitido los maestros de generación en generación, incluyendo historiadores e intelectuales, y así está plasmado en los murales posrevolucionarios. Nos decimos libres desde 1810, pero en el siglo XXI los lastres de la conquista siguen en el inconsciente del mexicano, dividiéndolo y convirtiéndolo en enemigo de sí mismo.

No comprendemos la independencia porque no entendemos la conquista, y tenemos una patética y terrible visión de la conquista porque en realidad seguimos sin entender qué pasó durante la independencia. Nada de lo anterior se puede comprender sin los 300 años que transcurrieron en medio y que nunca estudiamos: el virreinato, el cual es incomprensible sin entender un poco de nuestra raíz negada: Europa y España.

Pero para comenzar bien desde el principio hay que comprender que México no existía hace miles de años. Si un país mestizo es resultado de la mezcla étnica, religiosa, lingüística y cultural de dos componentes, es imposible que exista antes de que se fusionen dichos componentes.

Nada de lo que había en esta tierra antes de 1521 era México. Había muchos pueblos indígenas americanos, que tenían religión, cultura, idioma y tradiciones distintas. Había más de 50 grupos étnicos y más de 60 idiomas diferentes. No había un territorio unido; esos pueblos no eran aliados, ni formaban un país, ni tenían un solo gobernante, ni contaban con las fronteras actuales, mucho menos con los cinco millones de kilómetros cuadrados que presumimos haber tenido en el siglo XIX.

Moctezuma II no era emperador de México, sino únicamente de los aztecas, y estos aztecas sólo dominaban el Valle de México y algunos territorios sometidos hasta la zona de Oaxaca. De hecho, Moctezuma era un tirano odiado por los pueblos sometidos; eso fue lo que facilitó la labor de Cortés, que no sólo tuvo como aliados a los tlaxcaltecas sino a decenas de pueblos indígenas, porque todos estaban ansiosos de rebelarse contra Moctezuma.

Aquí aparece la Malinche, de la que nos dicen que traicionó a la patria y se unió al conquistador. Esa es una mentira absurda; en ese tiempo histórico no había ninguna patria mexicana a la cual traicionar. Los 300 años de virreinato prácticamente no se estudian, ya que los consideramos ese oscuro y terrible periodo en que estuvimos dominados por esos malvados españoles. De pronto queremos olvidar, o no darnos cuenta, de que todos los que lucharon por la independencia eran descendientes de dichos conquistadores.

Así que podríamos decir que México fue conquistado por los mexicanos (si pretendemos que los pueblos indígenas de Mesoamérica eran mexicanos) y fue independizado por los españoles, ya que desde Hidalgo hasta Iturbide todos fueron criollos, es decir, hijos, nietos o bisnietos de los españoles, todos, en mayor o menor medida, descendientes de los conquistadores.

O para que no se vea así de absurdo, podemos tratar de entender que Cortés y sus soldados no conquistaron México, sino Tenochtitlán, y luego a los demás pueblos indígenas; que como resultado del fin del Imperio azteca se fue formando la Nueva España, y que de 1810 a 1821 no luchó por su independencia ese antiguo Imperio azteca, sino un nuevo país que surgió durante los siglos anteriores. Para entendernos mejor, hay que comprender con claridad…

¿QUÉ SE CONQUISTA Y QUÉ SE LIBERA?

La independencia de México está llena de mitos, y tal vez el primero de ellos sea precisamente que dicho evento existió. ¿Puede emanciparse lo que no existe? En 1810 lo único llamado Méjico, así, con jota, era la ciudad capital de un reino llamado Nueva España. En 1821, fecha borrada de nuestra pequeña memoria histórica, ese reino se convirtió en el Imperio mexicano, y fue así como México no se independizó, sino que comenzó a existir, a construirse lenta y penosamente a lo largo de todo un siglo.

Aquí vemos que la situación se complica desde el origen. No tenemos una idea de qué se independizó, tal vez porque de entrada no está claro qué fue conquistado, y por quién. Así que para entender esta llamada independencia en el siglo XIX es fundamental comprender primero qué fue conquistado en el siglo XVI, algo que, por cierto, jamás se liberó: el Imperio azteca y sus pueblos vasallos.

Pero todavía antes de la conquista de México es necesario hablar del descubrimiento de América para entender bien los sucesos. Se nos enseña tan mal este acontecimiento que aún en el siglo XXI hay muchos despistados que el 12 de octubre van a arrojar piedras a la estatua de Cristóbal Colón. Su lógica es simple: si Colón no descubre América, Cortés no hubiera conquistado México, lo que nos lleva de nuevo al complejo y a la frase absurda: "Si los españoles no nos hubieran conquistado…"

Así que cada año se lleva su buena apedreada el señor Colón, quien por cierto no fue un conquistador sino un explorador que buscaba rutas comerciales para llegar a la India, y nunca se enteró de que había descubierto un continente desconocido para los europeos. Y, para terminar, en ninguno de sus cuatro viajes llegó a tocar suelo que hoy sea mexicano; de hecho, sólo llegó a costear lo que hoy es Venezuela, y en realidad nunca entró al continente, sino que se limitó a explorar las islas del Caribe.

También nos enseñan que España descubrió América, que fueron los reyes de España, conocidos como los Reyes Católicos, los que financiaron a Colón en sus viajes; pero incluso aquí hay que hacer precisiones. Así que vamos a hacer algo que no suele hacerse con nuestra historia: profundizar, buscar en las raíces, analizar antecedentes y construir de nuevo este complicado rompecabezas. Vayamos desde el principio.

Para empezar, es difícil decir que España descubrió América en 1492, no sólo porque Colón no fue español sino genovés, o quizás portugués, o quizás catalán, según al historiador que se le pregunte; o que fuera un florentino, Amerigo Vespucci, quien descubriera que estas "Indias Occidentales" en realidad eran otra masa continental. El verdadero punto es que en 1492 España no existía. Tampoco conquistaron Argentina o Venezuela o México, porque esos países tampoco existían. Es decir, que un país inexistente conquistó a una serie de países con la misma cualidad.

Para entender este punto hay que estudiar un poco de historia de España; esa es otra cosa que no se hace en nuestra historia. Pretendemos que se puede entender a México sin comprender a España, lo cual en realidad es imposible, ya que la mitad de nuestro origen está precisamente ahí. La mejor prueba de lo anterior es el idioma en que fue escrito y está siendo leído este libro. Entonces, vayamos a estudiar un poco el Viejo Mundo.

Reinventar la historia y hacer nuevas versiones no es algo exclusivo de México, sino que se hace en todo el mundo. Como se mencionó, todos los países inventan mitos históricos, y España no es la excepción. Los españoles tienen un mito fundacional elemental, una serie de acontecimientos históricos a los que llaman Reconquista.

Palabras más, palabras menos, su versión histórica asevera que los árabes conquistaron España y la tuvieron bajo su control durante casi ocho siglos, pero esa es una mentira descarada. Pasa algo similar con el caso de México, pues los árabes no conquistaron España, porque ese país no existía cuando ellos llegaron a ese territorio.

Cuando los árabes entraron a la península ibérica, en el siglo VIII, lo que conquistaron no fue España, porque entonces lo que había en aquellas tierras era el reino de los visigodos, bárbaros germanos que establecieron sus dominios sobre las ruinas del Imperio romano en esa zona del continente. Nada había en esa época que se llamara España; ese era un territorio totalmente carente de un poder y un control central, donde los visigodos apenas lograban dominar a la población, que vivía en un caos desde que el Imperio romano desapareció.

Los árabes musulmanes fueron llegando a la península ibérica y poco a poco conquistaron el territorio y lo dominaron. Ahí establecieron un reino conocido como el Califato de Córdoba, donde, junto con cristianos y judíos, vivían en paz.

Con el paso de los siglos, las élites cristianas del norte comenzaron a rebelarse contra el domino de los árabes; empezaron a luchar por el territorio, y poco a poco se lo fueron quitando, y así se formaron ahí nuevos reinos cristianos: Castilla, León, Navarra, Aragón y otros tantos, que además de luchar contra los árabes también luchaban entre sí. Unos fueron conquistando a otros hasta que Castilla y Aragón dominaron todo; más adelante, en el siglo XVI, esos reinos se unieron, y de ese modo surgió España.

Igual que México, España reinventa su historia, y lo hace de hecho al mismo estilo que nosotros: negando sus orígenes; quizás hasta lo heredamos de ellos. Los españoles manejan la versión de que España ya existía desde aquellos lejanos tiempos, y que fue conquistada por los árabes, que la sometieron durante muchos siglos, hasta que los españoles se liberaron nuevamente.

A eso le llaman Reconquista; esto es, se pretende que los árabes les conquistaron a los españoles el territorio, pero que luego éstos lo fueron recuperando lentamente. Así como México no existiría sin España, España no existiría sin los árabes; pero tanto ellos como nosotros negamos parte de nuestro origen. Profundizando más, comprenderíamos que México, por lo tanto, tampoco existiría sin los árabes, sin el islam y sin su profeta.

Así pues, la Reconquista española no fue tal, porque no se puede reconquistar lo que nunca se tuvo, y aquello nunca fue España y, por lo tanto, no hubo españoles conquistados a los que se les quitara una tierra que luego recuperaron. Eso es un mito. Durante tres siglos, el Califato de Córdoba se mantuvo firme, pero entró en un proceso de decadencia desde el siglo XI, lo cual fue aprovechado por la nobleza cristiana de las costas del norte para comenzar a combatir el poderío árabe.

Pero no hubo ahí unos españoles peleando juntos por su independencia contra unos árabes. Vemos tropas de diversos reyes y señores peleando entre sí, a veces contra los árabes, a veces aliados con ellos, por repartirse ese territorio que se estaba quedando sin un poder y un control central. ¡Cómo se parece la historia de los pueblos! En la independencia de México tampoco hubo un ejército unido de mexicanos luchando juntos contra los españoles; pero así queremos creer que fue.

Recapitulando: a partir del siglo XI se fueron formando los reinos cristianos de la península: Asturias, León, Castilla, La Mancha, Aragón, Navarra, todos peleando contra los árabes musulmanes, y entre sí, por los despojos del territorio. Lentamente dos reinos, Castilla y Aragón, fueron derrotando a los demás en las guerras y expulsando a los árabes.

Pero Castilla y Aragón también peleaban por el dominio de la península, hasta que se firmó la paz como se usaba en aquel entonces: con un matrimonio. En 1469 los adolescentes Fernando de Aragón e Isabel de Castilla contrajeron nupcias, pero no unieron sus reinos. Así llegamos a 1492 y España seguía sin existir.

En ese año los árabes ya sólo dominaban Granada, un pequeño territorio al sur de la península, y la poderosa unión de Castilla y Aragón los echó fuera. Pero dichos reinos seguían sin unirse en un solo país; es decir que, aunque sus reyes estuvieran casados, cada uno conservaba su reino. Digamos que se casaron por bienes separados.

Isabel y Fernando tuvieron una hija que se convirtió en heredera de ambas coronas; se llamaba Juana, conocida como *la Loca*, y se casó con Luis Felipe de Orleans, conocido como Felipe *el Hermoso*. Ellos tuvieron un hijo llamado Carlos, quien heredó los dos reinos de sus abuelos en 1516. Carlos asumió los tronos de Castilla y Aragón con el título de Carlos I, y al poco tiempo, en 1519, fue electo también como sacro emperador germánico con el título de Carlos V, con el que es más conocido en la historia. Él era el rey cuando Hernán Cortés llegó a América y derrotó a los aztecas.

Pero aquí vienen los datos curiosos: a pesar de ser rey de Castilla y Aragón, no nació allí y pasó muy poco tiempo en la península ibérica; era un hombre nacido en Flandes (hoy Bélgica), que, por lo tanto, hablaba el idioma flamenco, y un poco de alemán, apenas balbuceaba un poco el castellano, y vivía cómodamente entre Viena y Aquisgrán. Poco interés tenía en los reinos de sus abuelos los Reyes Católicos; por eso se paró por allá lo menos posible, aunque de hecho fue el lugar que eligió para su retiro en 1556.

Ese año Carlos renunció a sus tronos, y su hijo, Felipe II, heredó una corona unificada de Castilla y Aragón, que hasta ese momento podemos llamar España. América había sido descubierta en 1492 y estaba conquistada y colonizada desde 1519, pero no por españoles, sino por extremeños, andaluces y castellanos, los reinos de entonces. Cuando España nació, le tocó por herencia ser dueña de todo aquello.

Es así como los españoles no conquistaron América; mucho menos un México, una Bolivia, un Chile o un Uruguay. Todos esos países que hoy llamamos latinoamericanos fueron sociedades que se construyeron y germinaron entre los siglos XVI y XIX, sociedades mestizas integradas por pueblos indígenas y europeos de diversos orígenes. Como podemos ver, eso de la conquista es mucho más complejo de lo que nos cuentan.

Una vez que los hispanos se establecieron y dominaron el territorio, con el paso del tiempo formaron cuatro virreinatos: Nueva España (hoy México), Nueva Granada (hoy Venezuela, Colombia y Ecuador), Perú (hoy Perú, Chile y parte de Bolivia) y Río de la Plata (hoy Argentina, Uruguay, Paraguay y parte de Bolivia).

Entonces, lo que se independizó en el siglo XIX fueron los cuatro virreinatos españoles que se formaron en América, así como otros territorios de menor rango, administrados desde España; sobre esos despojos se construyó, a lo largo del siglo XIX, una serie de nuevos Estados que no existían antes.

Este resumen histórico nos lleva a la difícil cuestión de preguntarnos desde cuándo existe nuestro país. Hay quienes se regodean al señalar que tenemos tres milenios de historia; evidentemente, su viaje histórico comienza con los primeros asentamientos olmecas. Pero eso nos habla de la historia de un territorio, no de la de una nación, porque ni los olmecas, ni los mayas, ni los zapotecas, ni los otomíes, ni los tarascos ni los propios aztecas eran mexicanos.

Por más que la historia oficial y los historiadores de quincena se empeñen en decir que el país tiene tres mil años de historia, hay que decirlo con todas sus letras: los olmecas no eran mexicanos; ni los mayas, ni los toltecas, ni los aztecas. Eran olmecas, mayas, toltecas y aztecas... Hasta ahí.

México es una mezcla, una cultura mestiza en la que se funden lo hispano y lo amerindio; cierto que de forma violenta, pero así fue, guste o no. Y entonces, cuando hablamos de nuestras raíces no debemos referirnos sólo a lo indígena, que es una de ellas, sino también a lo hispano, que es la otra.

México, eso que hoy somos y que nos caracteriza; nuestra cultura, nuestra tradición, nuestras costumbres y demás, no existía en aquellos lejanos tiempos antes de la llegada de los españoles. Nuestro barroco y nuestro mariachi, nuestro tequila y nuestros bailes, nuestra comida y nuestro neoclásico; los conventos, los festejos, las bebidas, los sabores, las canciones, los complejos, los rencores, los prejuicios, los ideales.

Esos charros y esos trajes, esas coplas y esas chinas. Todo lo que hoy se puede llamar México fue resultado de una mezcla, y esa mezcla ocurrió en otro periodo que nuestra historia prefiere pasar de refilón, como por trámite: el virreinato.

Sin embargo, se nos ha enseñado que en 1521 existía un país llamado México, y que otro país llamado España lo conquistó y lo mantuvo oprimido durante 300 años, hasta que ese país conquistado, unido en feroz batalla, logró zafarse del dominio español. Pero un país que no existía (España) no pudo conquistar a otro que no existía (México). Y a principios del siglo XVI esa era la realidad: ninguno de esos dos países existía aún.

En ciertas regiones prevaleció la población indígena; en otras murió por diversas causas, y en otras más ni siquiera existía. Además, está el componente negro y asiático de nuestro ser, que, aunque mucho menor, está presente, y

43

varía también según la región. De ahí que no todos los mexicanos sean iguales ni tengan el mismo origen, ni exista algo como una raza mexicana, o la estúpidamente vasconceliana raza cósmica o raza de bronce. El mexicano es, en sí mismo, una mezcla.

Hay otro dato en el que nuestra historia no suele ser muy precisa: cuando se compara México con Estados Unidos en términos históricos, comúnmente se tiene la idea, siempre para hablar mal de nuestros vecinos, de que aquí hubo mestizaje y allá hubo masacre de indios. Con esa versión podemos decir que los estadounidenses son el resultado de un exterminio salvaje, mientras que aquí y en toda la América Latina hubo una mezcla cultural. Pero veamos los datos que indican lo contrario.

En el siglo XVI, cuando se consolida la conquista de América Latina, se calcula que había alrededor de 70 millones de indígenas poblando al continente; aquí se incluye desde aztecas y mayas hasta incas y patagones, digamos que del río Bravo hasta la punta del continente. Por ahí de 1650, es decir, como siglo y medio después, la población indígena de esa misma zona sólo era de tres millones.

La población originaria de América casi fue exterminada, no al estilo estadounidense de matanzas indiscriminadas —aunque en Argentina así ocurrió—, sino como consecuencia del trabajo forzado, las guerras, pero, sobre todo, de las enfermedades epidémicas como la viruela. Sólo en Mesoamérica la cifra es igual de escandalosa: de unos 25 millones que había en 1521, la población indígena se redujo a 750 000 en 1650, una reducción de 97 por ciento.

Es decir que, en términos generales, sólo 3% de la población aborigen de Mesoamérica sobrevivió. Ahí, sobre los despojos y la destrucción de aquellas culturas, se levantó un Imperio hispano, pero no nos conquistaron a nosotros, sino a aztecas, mayas, purépechas y demás.

Así pues, si los españoles no nos hubieran conquistado… nosotros no estaríamos aquí discutiendo la cuestión. Sin importar cuánto se nos haya enseñado históricamente a negar la raíz hispana y sentirnos descendientes de indígenas conquistados, es fundamental reconocernos como mestizos por lo menos de dos raíces, y no olvidar que casi todos los libertadores fueron criollos, es decir, hispanos de América.

El mexicano está educado para sentirse orgulloso de su pasado indígena; esto es correcto, pues existe un pasado indígena culturalmente maravilloso, culturas antiguas, tradiciones, historia… Todo eso es parte de nosotros. Pero de igual forma es parte de nosotros una raíz hispana que también es culturalmente impresionante, y que también tiene pasado, historia, cultura y demás.

Sería absurdo querer negar nuestro componente indígena; eso nos haría renunciar a una gran herencia cultural. Pero negar nuestra parte hispana provocaría lo mismo. Entender que somos herederos de ambas raíces nos haría ser doblemente grandes.

En México hay 7% de población totalmente indígena, por lo menos, que tiene identidad indígena, lo que suele estar ligado al hecho de que hablan, como lengua natal, alguna lengua indígena antigua, de las más de 60 que sobreviven en el país. Tenemos, por lo tanto, otro 93% que es mestizo, aunque algunos se aferren más a su indigenismo y otros a su criollismo.

Pero, ante todo, en México el verdadero mestizaje lo encontramos en la cultura. La raza no existe: esa es una idea traída de Europa; además, sería absurdo hablar de una raza mexicana en un país donde todo es una mezcla. Más allá de cualquier otra definición, México es culturalmente mestizo.

Sin embargo, la enseñanza oficial de la historia en el siglo xx se dedicó a tratar de construir una identidad, y lo hizo con base en el indigenismo, en el mito del azteca y en el trauma de la conquista. Es decir, la versión ya mencionada en la que el señorío azteca era México y fue conquistado por los españoles, a los que, tras 300 años de dominio, logramos expulsar, y los aztecas, o sus descendientes, pretendidamente el mexicano de hoy, volvieron a su vida libre.

En esta versión es la que el trauma de la conquista sigue en nosotros; es la versión que nos hace indígenas conquistados; la versión en la que se niega totalmente una de nuestras raíces, y la versión en la que se nos inculca una especie de rencor hacia todo aquello que se relacione con el conquistador.

Se puede proponer, sin embargo, otra visión, igual de correcta o incorrecta, pues la historia es una construcción subjetiva: castellanos, manchegos, andaluces y demás, guiados por el extremeño Hernán Cortés, en nombre del flamenco Carlos V, emperador germánico, y con apoyo de decenas de miles de guerreros indígenas, sometieron al señorío azteca y a otros pueblos de Mesoamérica, habitantes del continente que el genovés Cristóbal Colón descubrió en nombre de la reina de Castilla. ¡Vaya si desde entonces hay globalización! Como se puede ver, de hecho hay mucho más que dos raíces.

Es más interesante cuando descubrimos que España nunca fue gobernada por una Casa Real de origen español, y entonces resulta que, sobre las ruinas de las culturas originarias y sus señoríos, se erigió un mundo hispano reinado por una monarquía austriaca (Habsburgo), y más adelante, a partir de 1700, por una francesa (Borbón).

Dichas sociedades fueron evolucionando y dividiéndose en clases o estamentos sociales: españoles, mestizos e indígenas. Después de poco más de un siglo de la conquista comenzó a existir ya una nueva clase: el criollo, descendiente de hispanos nacido en América en el seno de una clase privilegiada.

Los criollos fueron madurando como clase y desarrollando su propio sentido de pertenencia al que consideraban su reino de origen: la Nueva España, y cada vez más alejados de una España que casi nunca conocían y a la que de seguro no viajarían en su vida. Esos criollos, hispanos de América, generaron un nacionalismo novohispano y fueron los que, cuando la decadencia del mundo hispano se hizo presente en el siglo XIX, buscaron la emancipación con respecto a la llamada Madre Patria.

Así pues, en el siglo XIX no se independizaron los aztecas ni ninguna otra nación indígena, sino que los virreinatos y las sociedades hispano-mestizas que llevaban 300 años gestándose. El siglo XIX nos trajo las independencias de Nueva España, Nueva Granada, el Perú y el Río de la Plata; después de eso, el surgimiento de nuevos países, entre ellos México.

MEZCLA CON MEZCLA

Así como pueblos indígenas de América, como mayas, toltecas o aztecas, tienen una larga historia y un gran pasado, España también lo posee. En su momento fue la potencia mundial, el país que dio la vuelta al mundo y colonizó todo un continente. Ambas son nuestras raíces, ambas grandes y gloriosas, las dos con historia y cultura, y las dos son parte de nosotros. México es un pueblo mestizo que, así como no existiría sin los amerindios, tampoco existiría sin los españoles.

Y, sin embargo, afirmar que México es una mezcla de mesoamericanos y españoles también es algo muy simplista y nos lleva al error de aseverar que todos los españoles eran iguales, es decir, que había un solo tipo de español, o una "raza" española. O al error que han cometido muchos indigenistas al englobar en el concepto "indígena" a todos los pueblos amerindios por igual, como si amazonios, incas, aimaras, patagones, aztecas, mayas y toltecas fueran básicamente lo mismo, cuando tan sólo en Mesoamérica la diversidad étnica, lingüística y cultural era inmensa. Los dos componentes básicos que se mezclan para formar México ya estaban bastante mezclados cada uno de ellos.

Veamos, por ejemplo, quién era el español. No existe nada como una raza española; los habitantes de España en realidad constituyen un complejo mosaico que se formó a lo largo de muchos siglos. Por ejemplo, desde hace miles de años existía ese pueblo de origen desconocido que son los vascos, habitando parte del norte de la península; pero desde esos remotos ayeres también existían ya, en la hoy llamada costa cantábrica, habitantes de origen celta.

Desde la época de la expansión griega por el Mediterráneo, por ahí del siglo VII antes de nuestra era, hubo colonias de helenos, que cinco siglos después ya se mezclaban y se peleaban con colonos fenicios del Medio Oriente. Todos los pueblos mencionados cohabitaban con el pueblo que da nombre a la península: los iberos.

Toda esta abundante argamasa de razas y culturas fue invadida y conquistada por los romanos, de origen latino, pero a su vez fundidos previamente con etruscos y griegos. Esa fue la Hispania del Imperio romano. Evidentemente, todos estos grupos humanos no se sustituían unos a otros, sino que se iban fusionando.

Pero desde el siglo IV el poderío de Roma, notablemente mermado, comenzó a caer, y vino la época de las llamadas invasiones bárbaras, cuando dos tribus de origen germánico, vándalos y visigodos, tomaron posesión de la zona, con el poder en manos de estos últimos.

Toda esa miscelánea y este amasijo de culturas, a los que unía únicamente el cristianismo, que había sido impuesto por el poder imperial de Roma, es lo que conquistaron los árabes en el siglo VIII, con tropas de pueblos oriundos del norte de África, los bereberes, que a su vez ya eran un revoltijo de tribus del desierto, con cartagineses, de origen fenicio. A todo esto hay que sumar que desde el siglo II de nuestra era varias comunidades de origen hebreo ya habitaban el territorio. Muy bien, pues todo eso es a lo que llamamos español, y por lo tanto, parte del latinoamericano.

Pero como ya se señaló, tampoco hay "amerindios" o "indígenas americanos" como un solo grupo humano. Étnicamente, América era un mosaico desde antes de la llegada de Europa, por lo que es un error pensar en indios americanos como un solo concepto. El continente fue poblado, milenios atrás, por tribus de las estepas siberianas, por mongoles, por polinesios y por vikingos; esas mezclas, más la evolución aislada, generaron diversas etnias. Además de lo anterior, la gran extensión del continente propició la dispersión, el aislamiento y, por lo tanto, la diversidad cultural.

49

Tan sólo en la zona quizás más poblada, la llamada Mesoamérica, que abarca parte de Centroamérica y el sur del México actual, en el siglo XVI había una gran pluralidad; en esa época dominaban gran parte de esa zona los aztecas o mexicas, tribu de origen nahua, es decir, del norte de América, emparentados con los hoy llamados pieles rojas.

Ese azteca, que ya era mestizo, en ese tiempo se había fusionado con otros grupos como los toltecas, los teotihuacanos, los tlaxcaltecas o los cuicuilcas, todos ellos de origen náhuatl, y todos también mezclados con los chichimecas del norte, también de origen piel roja. Además de todo ese revoltijo del centro mesoamericano, hay que sumar otras culturas como los purépechas, y del otro lado, en Yucatán, los mayas.

Agreguemos mixtecos, zapotecos, totonacas y a esa legendaria y desconocida tribu antigua de innegables pero indemostrables orígenes negroides: los olmecas. No olvidemos ahora que "maya" también es un genérico impreciso, ya que los mayas de México y los mayas de la América central no son iguales, y de hecho los diversos mayas de Yucatán son de distintas etnias.

Se puede decir, en resumen, que Mesoamérica fue un territorio donde, desde aproximadamente el año 3000 antes de nuestra era y hasta el siglo XV, cohabitaron diversas culturas indígenas, algunas de poca trascendencia, y otras creadoras de grandes civilizaciones.

Por su aislamiento geográfico, Mesoamérica llevó un ritmo de civilización y cultura diverso al del resto del mundo, como la cuenca del Mediterráneo que, al estar geográficamente conectada con muchos pueblos, tenía cierta interacción que facilitaba el contacto cultural. Hay que decir también que la civilización de Mesoamérica no era inferior ni superior a la del resto del mundo, sólo distinta, en otro proceso y con otras necesidades.

Bien, todo eso era América antes de la llegada de los españoles, y toda esa mezcolanza racial y cultural se mezcló con toda esa mixtura que ya era el llamado español. Todas estas culturas diversas y jamás unidas fueron conquistadas en el siglo XVI por los exploradores hispanos y España mantuvo su dominio durante 300 años.

En 300 años se impuso la cultura europea, la religión y la lengua de españoles, así como su visión del mundo, totalmente opuesta a la de ingleses, franceses y holandeses que colonizaron el norte de América. Muchos indigenistas argumentan que esa imposición y esa fusión constituyeron un atropello; que fueron forzadas, obligadas, sangrientas y dolorosas.

Todo eso es verdad, pero también es un hecho, y por violenta que haya sido, ocurrió, y ese es el origen del mexicano: toda esa violencia y la consecuente crisis de identidad, todo ese conflicto eterno entre el hijo que se pone de parte de la madre ultrajada y no del padre transgresor. De ahí el eterno dilema entre indigenistas e hispanistas, que terminan por negar la verdadera esencia de nuestro México: el mestizaje.

Desde luego, todo esto nos conduce a la gran negación, el gran problema actual del mexicano en general, que rechaza la parte virreinal de su historia, que desprecia su raíz hispana con todo el componente cultural que vivimos en la cotidianidad. Reconocemos nuestros orígenes modernos en el siglo XIX y nuestro pasado remoto en el indigenismo, pero damos la espalda a 300 años de historia. El resultado: nos negamos a nosotros mismos. Una vez más se observa el trauma de la conquista, del cual se alimenta tanto el tan temido Masiosare.

EL SÍNDROME DE LA CONQUISTA

Curiosamente, coreamos mucho la independencia y gritamos vivas a los héroes que nos dieron patria, pero aun así parece que la llamada conquista nos marca más como mexicanos que la llamada independencia. "Los españoles nos conquistaron", seguimos repitiendo, y podemos escuchar esa frase en boca de niños, adolescentes y adultos de piel clara, ojos azules y cabello castaño, que se llaman Fernando, Juan, Manuel, y se apellidan González, Pérez… o Cortés.

Hasta parece que nos regodeamos en la conquista, por lo que festejar año tras año la independencia, y hacerle una fiesta magna al país en su cumpleaños, pierde todo sentido. Lo conquistado sigue en la sangre, nos infecta hasta el tuétano y sigue apareciendo en todos lados, desde las tramas de las telenovelas hasta los discursos de algunos políticos.

Pero esa conquista nos sirve y por eso la añoramos. Es un trauma, sí; es dolorosa, sí… pero nos ofrece lo que los psicoterapeutas llaman *ganancia secundaria*. La conquista nos otorga pretextos: somos pobres porque nos conquistaron, no somos una potencia porque los gringos nos quitaron nuestro territorio, no progresamos porque Estados Unidos no nos deja; los españoles, malos, embriagaron a los indios, que eran buenos y no conocían la corrupción, la malicia ni la enfermedad. Perdimos por culpa del árbitro y los jueces de los clavados olímpicos están en nuestra contra.

Somos pobres pero honrados, y con esa frase lo que honramos y convertimos en virtud es la pobreza; le cantamos a nuestra pobreza, le hacemos telenovelas y nos convencemos de que todos los pobres son buenos y todos los ricos son malos, aunque los ricos también lloren; pero por algo será: por malos. Finalmente Pepe *el Toro* es inocente, y lo es porque es pobre.

Un pueblo que hace de la pobreza una virtud no tiene visos de salir de ella, y así, al mantenerse pobre, sigue vanagloriando y enalteciendo esa miseria. Nuestra música popular lo deja claro. Bien lo sentencia Juan Gabriel: "Pero tú me abandonaste por ser pobre y te marchaste con un viejo que es muy rico", lo cual, desde luego, como hay un dios que todo lo ve, y una virgencita que nos hace justicia, se transforma: "Con el tiempo a ti también te abandonaron y ahora vives infeliz y desgraciada […] Ahora sabes que el dinero no es la vida ni la felicidad". Y la justicia divina se hace presente con el veredicto final: "Muy sola y muy triste te quedaste, sin dinero, sin él, sin mí, sin nada".

Porque todo aquel que aspire a la riqueza es una especie de traidor y, ante todo, alguien que no valora lo verdaderamente valioso de la vida: lo intangible, que es a lo que más nos aferramos, pues es de lo que más tenemos. Por eso también canta el Buki: "Tu vanidad no te deja entender que en la pobreza se sabe querer […] Tal vez mil cosas mejores tendrás, pero un cariño sincero jamás".

No, señor, los ricos no aman. Aunque el lamento y la traición final se escucha en la voz de Pepe Aguilar: "Tú me cambiaste por unas monedas, tú no supiste soportar mi pobreza". Y es que si en el hombre mexicano ser pobre, y por tanto honrado, es una virtud, en la mujer no hay nada más íntegro y probo que soportar estoicamente la pobreza de su hombre; así, sin aspiraciones materialistas. A pesar de la independencia, ahí sigue la conquista metida hasta la médula.

El malo de la telenovela siempre es rico, o el traidor que conspira con él por algo tan vil como el dinero. Y así, nuestra historia siempre tiene un malo, aquel individuo perverso que hace que las cosas salgan mal, el que carga todas las culpas, desde Cortés, pasando por Santa Anna, hasta el presidente en turno, sea quien sea, y sin importar su partido, hasta los árbitros de los mundiales.

Un pueblo con esa mentalidad no ha logrado la más importante de las independencias: la del pasado. La conquista del mexicano está en su mente y en las historias que se cuenta de sí mismo.

Y si eso es en la música, la glorificación de este trauma en su manifestación pictórica la podemos ver en Diego Rivera, quien pinta a Cortés deforme, jorobado y sifilítico. Finalmente es el malo, el perverso por ser el conquistador. Y no vemos la contraparte de aquella imagen: si así de contrahecho "nos" conquistó, ¿qué habría hecho sano?

Lo más interesante es que, paradójicamente, además, con este trauma, pecamos de humildad y de soberbia. Nos sentimos el fruto humillado de una terrible conquista, pero a la vez nos creemos los hijos consentidos de una madre celestial que todo lo resuelve, y que así, pobrecitos, es como nos quiere. Pero a esta madre celestial la trajeron precisamente esos a los que llamamos conquistadores.

El trauma de la conquista nos deja entonces esa ganancia secundaria: la posibilidad de exculparnos de todo lo negativo y de todos los errores. Todo culpable está más allá de nosotros y nunca nos pasa por la cabeza que tal vez nuestro individualismo, nuestra historia de violencia, nuestro apego a ideologías anacrónicas, nuestro desprecio por la ciencia, sea la causa de nuestra realidad. Aceptar que estamos como estamos porque somos como somos, sería un acto de madurez con el que podríamos salvar a nuestro país.

¿Por qué nos identificamos con vencidos y no con vencedores? ¿Por qué, siendo hijos de ambas culturas, hispanos y amerindios, y hablando español, decidimos que ellos nos conquistaron en lugar de ver en nosotros el resultado de una mezcla histórica? No puede haber libertad si la mente sigue esclavizada. Hoy aún falta luchar por esa independencia.

Además, en aras del federalismo, hay que decir que sentirnos descendientes de los aztecas conquistados y ver en la toma de Tenochtitlán la conquista de México, no sólo es un mito, sino que es un mito centralista, un mito chilango.

La versión histórica del país conquistado arroja así tres grandes mitos que nos aniquilan, y a pesar de la independencia y de tanto festejo en torno de ella, no somos capaces de superar esos tres mitos de los que más se alimenta Masiosare, y que conforman el síndrome de la conquista:

- **EL MITO DEL AZTECA.** Que pretende que el mexicano desciende del azteca. Que éste, como indígena, era poseedor de una cultura superior y de conocimientos místicos. Que como aztecas que éramos fuimos conquistados por el español. Somos, por lo tanto, un pueblo conquistado; humillado más que humilde, y más por necesidad que por convicción. En el fondo, inconscientemente urgido de revancha, como el abusado que busca abusar en cuanto la vida le presente la oportunidad, y que no busca quién se la hizo, sino quién se la pague… como cualquier otro mexicano más débil que esté a la mano.

- El mito de la Malinche. Que representa al traidor. Ella, a quien suponemos mexicana (aunque no existiera la nación y no fuera azteca), prefirió unirse al extranjero por su propio beneficio. Desde entonces lo extranjero nos atemoriza y vemos a quien no es mexicano (un inversionista, por ejemplo) a un potencial nuevo conquistador. Tememos al extranjero, y nuestro miedo siempre se convierte en odio, con lo cual nos odiamos a nosotros mismos, pues la mitad de nuestro ser está conformada por el extranjero que nos sometió y a quien tanto tememos.

- El mito de Cortés. Como español (y extranjero) que es, es el conquistador de los aztecas, es decir, de nosotros. Es el tirano, el malo de la historia que conquistó a una nación llamada México. Ahí tenemos el eterno discurso que deposita todas nuestras culpas en algo ajeno a nosotros.

Somos consecuencia de la fusión de dos culturas que, a su vez, eran producto de la fusión de muchas culturas. Es decir, somos, como todas las culturas, las civilizaciones y los países, resultado de una mezcla histórica, étnica y cultural. Así pasa en todo el mundo, pero al parecer nosotros estamos educados para lamentarnos eternamente del proceso que nos dio origen.

Somos, además, hijos de dos culturas que son producto de la conquista y la violencia. Tanto Mesoamérica como España (así como cualquier país o imperio) fueron resultado de siglos de guerras y conquistas, y de pueblos enemigos sometiéndose entre sí. Somos resultado de la negación; como mexicanos, renegamos del español, que a su vez, como español niega al árabe que le dio origen.

Somos una confusión y un contrasentido que nos hace enemigos de nosotros mismos; una condición con la que no nacimos, sino que nos fue enseñada y programada de generación en generación. El mito del azteca, el de la Malinche y el de Cortés hacen imposible la conformación de la identidad cultural del mexicano; ese extraño ser que tiene un solo enemigo: Masiosare.

EL SÍNDROME DEL ÁRBOL TORCIDO

Dice el refrán que "el árbol que nace torcido jamás su rama endereza". Afortunadamente, México no es un árbol, aunque ¡vaya que nació bastante torcido!, con raíces enredadas y profundas, enmarañadas y complicadas. Pero estas raíces a veces son débiles, se contraponen y se debilitan unas a otras; raíces desconocidas por los mexicanos que fueron torciendo el desarrollo nacional desde el momento de su nacimiento, en 1821, año en que, para festejar la libertad, también comenzamos a pelear unos contra otros.

México nació casi sin saberlo; su independencia fue el proyecto de una pequeñísima élite, y el pueblo casi no se enteró de que algo había cambiado entre el 27 y el 28 de septiembre de aquel año. En esa fecha el país fue declarado independiente, pero con la idea de reconocer al rey de España, con libertadores hispanos y con una población mestiza e indígena que no percibió cambio alguno tras la independencia, libre de España, pero aún atado por la Iglesia, con nuevos aliados que siempre habían sido enemigos, como Iturbide y Guerrero, y socios que después serían adversarios, como Guadalupe Victoria y Santa Anna.

Un México donde los antiguos insurgentes tuvieron que aliarse con sus enemigos del pasado para poder ser libres, y que siguieron peleando después para imponer diferentes ideas de lo que debería ser la nación. Un nuevo país donde las alianzas cambiaban cada semana (poco ha cambiado eso), donde los que entronaron al emperador Iturbide de inmediato comenzaron a luchar por la república, aunque muchos no sabían lo que esa palabra significaba.

Fue un Estado que nació imitando a los Estados europeos, pero despreciando a Europa, donde muchos admiraban a los estadounidenses, aunque éstos menospreciaban todo lo que consideraban de influencia hispana. Un México que se declaraba libre, pero imponía la intolerancia religiosa como ley; que rechazaba lo hispano, pero se aferraba a la religión que los españoles trajeron y a la virgen con la que dominaron al pueblo.

Una historia muy torcida en la que los antiguos perseguidores de los insurgentes fueron los que proclamaron la independencia, contra la que lucharon durante 10 años; en la que la Iglesia que excomulgó a Hidalgo y a Morelos por luchar en pos de la libertad, recibió con repiques de campana a Iturbide por haberla conseguido; en la que compañeros inseparables de mil batallas, como Vicente Guerrero y Nicolás Bravo, quedaron en grupos políticos distintos y lucharon entre sí; en la que ese Bravo, compañero de armas de Victoria durante gran parte de la guerra, intentó durante cuatro años sabotear su presidencia.

Un México en el que Santa Anna desfiló el 27 de septiembre de 1821, triunfante en la Ciudad de México, como parte del ejército libertador de Iturbide, para ponerse en su contra de inmediato; en el que ese Santa Anna pasó a la historia como el gran traidor a la patria que vendió el territorio, pero que siempre tuvo como leal seguidor y cómplice a Nicolás Bravo, encumbrado como héroe y cuyo nombre está escrito con letras de oro en el Congreso.

Ese es el extraño, contradictorio y torcido origen de México, donde casi nadie sabe bien por qué o por quién pelea, pero nunca deja la lucha. Al final todos se convierten en héroes por haber empuñado un arma.

Tradición vital de México es honrar a sus próceres, venerarlos, idealizarlos, santificarlos, levantarles altares por doquier, hacerlos de mármol y bronce, y nunca cuestionarlos. Colocamos sus nombres con letras de oro en el Congreso, en el mismo muro, aunque hayan tenido ideales distintos e incluso hayan sido enemigos. En la Columna de la independencia descansan juntos los restos de Allende e Hidalgo, que por lo visto hasta en la otra vida han de estar juntos, seguramente peleando.

Desde 1810 todos los que lucharon en la guerra de independencia contra los españoles eran hispanos. La única excepción fue Vicente Guerrero, pero él no fue el que logró la independencia, sino un grupo de criollos, ricos, aristócratas, terratenientes, agrupados en torno de Agustín de Iturbide. Ellos liberaron la Nueva España y le dieron vida a México. A su proyecto de México.

¿Cuál fue ese proyecto de México? Evidentemente un proyecto aristocrático, para criollos, hacendados, terratenientes y ricos que pretendían independizarse de España, pero que todo en el nuevo país se mantuviera como estaba. Bajo este esquema, del yugo de los españoles se pasó al de los hispanos de América, al de los criollos aristócratas y al de los conservadores que quedaron a la cabeza del nuevo país.

La élite blanca de aquí dejó de depender de la élite blanca de allá, pero pueblos enteros siguieron sometidos a la Iglesia, a los hacendados, a las oligarquías locales o al cacique regional. Hubo independencia, pero la estructura social colonial permaneció intacta, en muchos casos hasta hoy.

Los libertadores de México, entre los cuales por cierto se encontraba Santa Anna, hecho que siempre se ha ocultado, así como muchos libertadores criollos de América, buscaban que permanecieran ilesas las estructuras sociales de privilegios y de riqueza fácil heredadas de la era virreinal.

En un mundo que cambiaba a pasos agigantados, los libertadores de la América hispana, México incluido, buscaban la independencia para resistirse a ese cambio; por eso la Iglesia, eterna garante del orden social, estuvo detrás del movimiento independentista.

Separarse y liberarse de España fue una cosa, pero liberarse de la Iglesia es otra que en algunos lugares sigue sin ocurrir: aún hay sitios donde el señor cura tiene más autoridad que el alcalde local y por mucho que veneremos a Juárez y hablemos del Estado laico, la Iglesia sigue metida hasta el cuello en la política y ejerce influencia sobre gobernantes y legisladores. En el siglo XXI las excomuniones siguen siendo una herramienta de control, igual que en la Edad Media.

Si para algo sirvió la Iglesia en la Edad Media europea fue para garantizar la inmovilidad social, la desigualdad, los privilegios de pocos que aplastaron a muchos. Para eso mismo funcionó en los virreinatos españoles entre los siglos XVI y XIX, y eso poco cambió con la independencia. Ya libres de España, la Iglesia mexicana siguió manteniendo una estructura de fueros y privilegios; los intentos que hubo por modernizar y transformar a México en un país más justo a lo largo del siglo XIX siempre fueron combatidos por la Iglesia.

En ese sentido, la historia ha cambiado poco, y si algo garantiza hoy en día la Iglesia en México y en América Latina es la desigualdad social; más aún cuando esa Iglesia es la primera en promover la pobreza como virtud, pero sus orondos y rubicundos obispos se pasean con cruces de oro sobre el pecho y amafiados con los hombres poderosos. Nuestra visión de la religión y nuestro concepto venerable de la pobreza también son muy retorcidos.

Pero si liberarnos de España costó mucho, y liberarnos de la Iglesia aún más, liberarnos de nuestras propias mentes es algo que no hemos logrado, y ahí estamos aferrados a ideas sin sentido. Veneramos la pobreza y le cantamos, la convertimos en virtud y así difamamos la riqueza y la relacionamos con el vicio y la transa. Seguimos buscando un pasado indígena, que sí tenemos, pero negando toda una raíz hispana, que es innegable. El resultado: somos enemigos de nosotros mismos.

Pero no es sólo el canto a la pobreza, el rechazo a la riqueza y la crisis de identidad. El sistema de encomiendas virreinales dejó a un criollo "protector" y a un indio "protegido", sistema que tratamos de reproducir en el Estado moderno bajo el esquema de Papá Gobierno, ese gran benefactor que reparte a manos llenas una riqueza que no ha sido creada. En México siempre hablamos de planes para distribuir la riqueza, pero nunca hablamos de planes para generarla.

Y, es cierto, parte del problema de México es que, desde la independencia hasta nuestros días, nunca dejaron de existir las grandes élites poderosas, y desde entonces hasta la fecha es cierto que ha habido poco cambio en la estructura social, y que ésta, además, está muy señalada por el color de la piel. En la mayoría de los casos, la escala que va del más blanco al más oscuro es idéntica a la que va del más rico al más pobre.

Una división de clases por color de piel genera un rencor social muy especial y dañino llamado clasismo. Claro que la realidad de la pobreza extrema de México y la terrible e injusta distribución de la riqueza generan odio social, pero es más terrible aún usar este hecho como bandera ideológica. El blanco fue el conquistador desde el siglo XVI hasta el XIX, y en muchos casos esa situación no ha cambiado.

Ante esta situación es fácil cautivar con discursos en los que se culpa de todas nuestras desgracias al saqueo indiscriminado del cual el mundo nos hizo víctimas. Y muchos se quedan con esa versión: nos sometieron, nos robaron oro y plata, saquearon nuestros recursos y por eso somos pobres; pobres y víctimas inocentes. Siendo esa la versión, no hay historia que corregir. Todo lo hemos hecho bien, pero el mundo está en nuestra contra. Claro que con esa versión nunca tendremos un futuro promisorio.

Es cierto que España extrajo una gran riqueza de nuestro territorio, pero si México sigue siendo el primer productor mundial de plata ha de ser mentira que los españoles se la llevaron toda. El petróleo fue descubierto hasta la época independiente, así que ningún conquistador lo saqueó. Tenemos petróleo y plata, pero no salimos de pobres, así que el problema no ha de ser cuestión de recursos, sino de mentalidad. Una mentalidad torcida derivada de una historia torcida, que en la versión oficial se contradice y se tuerce todavía más.

Luchamos entre nosotros todo el siglo XIX, inauguramos el XX peleando, y seguimos con esa tradición en el XXI.

Algo, en efecto, ha ido destrozando a México: nuestro rencor, nuestro individualismo, nuestra desconfianza, nuestro egoísmo y nuestra disposición a pelear.

Eso es lo que tenemos que estudiar y para eso viajamos de los orígenes hasta el presente: para recuperar el rumbo, para destorcer nuestras raíces. Afortunadamente, el refrán es falso: sí cuesta mucho trabajo enderezarse cuando uno nació torcido, pero es absolutamente posible hacerlo.

Somos libres, lo festejamos cada año, pero no asumimos la responsabilidad ni la oportunidad que significa eso. Somos libres de pensar distinto, de actuar distinto, de cambiar el rumbo, de mover la historia, de sembrar un nuevo árbol y de echar nuevas raíces.

MEDIEVALISMO CRÓNICO

Eso es México, lo era en la etapa virreinal, lo fue en el siglo XIX y lo es en el XXI: un retorno al pasado lejano, una máquina del tiempo, todo un recorrido por la Edad Media. Un país que nació conservador, atado a la mente católica, y por tanto medieval, que asume ser dueña de la única verdad. Un país creado por los privilegiados para mantener sus privilegios, y en el que conservar atada al pasado la mente del pueblo ha sido una forma perfecta de sometimiento.

Otra razón para que México no progrese después de dos siglos de haber comenzado su vida independiente es que sigue atado al Medioevo más recalcitrante. Esto, desde luego, se explica una vez más con la historia… si se analiza a fondo.

Ya desde el siglo XVI la Nueva España fue la extensión americana del feudalismo medieval; ante una Europa que entraba en la modernidad, en el capitalismo, en la industrialización y, en términos religiosos, en la Reforma, de este lado del océano nos quedamos con la antigüedad, el feudalismo, el mercantilismo, el arraigo a la tierra y a los recursos naturales como fuente de riqueza, en la agricultura arcaica; y en términos religiosos, en la llamada Contrarreforma, es decir, en la recalcitrante, fanática y fundamentalista reacción del rey Felipe II a la modernidad religiosa.

La reforma religiosa, con su visión moderna, sin santos ni vírgenes, sin Inquisición ni retablos de oro, sin dispendios absurdos en santos patronos y procesiones inútiles, sin veneración de imágenes ni superstición... eso fue lo que viajó al norte de América y dio origen a las trece colonias británicas, y con el correr del tiempo, a Estados Unidos, un país cuya independencia estuvo en manos de los burgueses ilustrados y laicos... que sometieron a un pueblo de cristianos reformados tan supersticiosos o más que los católicos.

La Contrarreforma y todo su atraso, con santos, vírgenes, Inquisición, libros prohibidos, superstición anticientífica, fiestas y procesiones caras e inútiles, retablos barrocos con toda la corte celestial bañada en oro... eso fue lo que viajó un poco más al sur y formó la Nueva España, que con el correr del tiempo fue México. Dos proyectos antagónicos.

Allá fueron los ilustrados los que buscaron la independencia, que incluía libertad... económica, religiosa, de prensa, etcétera. Aquí, por el contrario, no es de extrañar que haya tanto cura metido en nuestra independencia. Se busca cambiar de manos el poder, pero mantener intacta la fe católica, que es garante del orden social.

Si en el siglo XVII los británicos de América ya nos llevaban todas las ventajas, esas visiones llevadas al siglo XIX catapultaron al progreso a Estados Unidos mientras que a nosotros nos amarraron a la Edad Media. El proyecto liberal de Estados Unidos atrajo trabajadores e intelectuales de todo el mundo. El proyecto intolerante de México no atraía a nadie cuyo proyecto no fuera la riqueza rápida. Eso tampoco ha cambiado.

Volvemos al paradójico y contradictorio México: un país que se precia de ser laico, pero cuya independencia estuvo plagada de curas; con una historia que nos dice que detrás de nuestra independencia estuvieron las ideas ilustradas, como en Estados Unidos y en Francia… pero los curas eran (y son) enemigos de la ilustración. Un país donde la Iglesia, que excomulgó al llamado Padre de la Patria, Hidalgo, y al que debería de serlo, Morelos, siglos después pretende ser parte de los festejos libertarios. Y un país donde esa Iglesia que en 1810 se opuso tenazmente a la independencia la apoyó en 1821.

Hablamos de un México orgulloso de su laicismo, pero recalcitrantemente católico, donde el principal héroe es un cura, Hidalgo, y el que le sigue es un *comecuras*, Juárez. Donde en las escuelas públicas Juárez es lo máximo y en las privadas y religiosas es el anticristo; un México orgulloso de que el papa polaco le diga que es "siempre fiel", pero que no tolera que el presidente vaya a misa… a pesar de que la libertad de culto de la Constitución se lo permite.

Pero hay algo claro: México y su independencia, la que triunfó, la iturbidista, fue un proyecto de la Iglesia. Juárez entabló una guerra contra la Iglesia, y tan la perdió, que Plutarco Elías Calles tuvo que declarar otra… y tan la perdió también él, que hoy la Iglesia está más trepada que nunca en la política y este catoliquísimo pueblo ve eso como una cosa terrible, aunque use a la virgencita en sus marchas.

Hoy el señor cura sigue siendo autoridad, y los monseñores, quienes sean, siguen dictando la agenda política, a tal grado que en las partidas secretas del presupuesto está la llamada *partida púrpura* que, en buen español, es el dinero destinado a sobornar a los cardenales. Estados Unidos sigue siendo el país de la ciencia, y México, el de las procesiones. Nuestros vecinos son la ventana al futuro, y México, el viaje al pasado. Un verdadero repaso de nuestra independencia mostraría por qué.

Nueva España, después México, fue el proyecto conservador de la Iglesia; las colonias británicas, después Estados Unidos, fueron un proyecto de la burguesía ilustrada. Las comparaciones son odiosas según dicen, y más aún cuando se sale perdiendo en ellas. Estados Unidos nació con padres fundadores y con un proyecto. A México le inventamos por decreto un padre que jamás tuvo un proyecto.

El proyecto de Estados Unidos podemos encontrarlo en las palabras de Jefferson, sea en la Constitución de Estados Unidos, en la Declaración de Derechos o en diversas cartas. Puede gustarnos o no el proyecto; puede no convenir a México y al mundo, pero el proyecto existe, y dio origen, en el siglo XVIII, al país que en el tercer milenio aún se mantiene como una potencia.

Es importante señalar, desde luego, que el Estados Unidos creado por Jefferson, Hamilton y Washington a finales del siglo XVIII, el llamado sueño americano, se convirtió con el tiempo en la pesadilla del mundo, y su ideal de democracia, en el infierno de su propio pueblo. La democracia, la república y la libertad como pretexto para convertir el mundo entero en un imperio.

Veamos las palabras de Jefferson: "Declaramos como evidentes estas verdades, que todos los hombres han nacido iguales y todos han sido dotados de los mismos derechos inalienables: la vida, la libertad y la búsqueda de la felicidad".

La declaración fundamental de Estados Unidos es un proyecto de igualdad total y absoluta y de derechos inalienables como la libertad y la *búsqueda de la felicidad* por los medios necesarios. También es interesante la forma en que comienza el texto: "We, the people", es decir, nosotros, el pueblo, somos los que declaramos. Ahí está la soberanía popular.

Y *sí*, desde entonces Jefferson dejaba clara su intención de arribar al imperialismo, que puede resultar nefasto a América Latina, pero que finalmente a Estados Unidos le dio resultado. Y hay que entender una cosa: cada país ve por sí mismo en la historia, aunque la misma América Latina viva con la idea de que otros, particularmente Estados Unidos, tienen que velar por los intereses latinoamericanos, ya que si no lo hacen podemos acusarlos de imperialistas. Aquí algunas ideas de Jefferson sobre la expansión: "Aunque nuestros actuales intereses nos restrinjan dentro de nuestros límites, es imposible dejar de prever lo que vendrá cuando nuestra rápida multiplicación se extienda más allá de dichos límites, hasta cubrir por entero el continente del norte, si no es que también el del sur […] Nuestra Confederación debe ser el nido desde el cual toda América, así la del norte como la del sur, habrá de ser poblada". Hablamos de documentos escritos antes de 1800, cuando el país tenía 20 años de vida independiente y su territorio se limitaba a la costa del Atlántico, pero desde entonces tenía un objetivo claro: que sus habitantes tenían unos ideales que consideraban superiores, y que esos ideales deberían expandirse por todo el continente, refiriéndose en particular al norte, aunque sin descartar la posibilidad de una gran nación americana que abarcara el sur.

Es curioso, el sueño americano de Jefferson es el de una América unida, evidentemente por ellos, y a eso le decimos imperialismo, aunque básicamente es la versión gringa del sueño de Simón Bolívar: una América hispana unida por él. No se lo criticamos a Bolívar, pero sí a Jefferson. Subjetividad absoluta: es correcto si los imperialistas somos nosotros, es incorrecto si lo son ellos.

En cambio, si buscamos un proyecto tras la independencia de México, en Hidalgo sólo tenemos un "Viva Fernando VII y viva la virgen de Guadalupe..." Aceptémoslo, ¡valiente proyecto! Si realmente hubo un proyecto más profundo que ese en la mente de Hidalgo, ya sería hora de ir enseñándolo en las escuelas.

En Morelos tenemos una declaración de independencia, una propuesta de soberanía popular, una división de poderes, la idea de moderar la opulencia y de contar con una Constitución. Pero junto a esas declaraciones Morelos también quería que la Iglesia católica fuera la única permitida, que debía tener supremacía sobre el Estado, que toda jerarquía debía estar encabezada por el papa y que había que venerar a la virgencita.

Iturbide también dejó un proyecto escrito, el Plan de Iguala y los Tratados de Córdoba: convertir este reino medieval en un imperio medieval; dejar de depender de España, pero traer a reinar al rey de España, y como primera gran garantía del nuevo imperio, la intolerancia religiosa. Todo proyecto en este país incluyó intolerancia religiosa y, por lo tanto, supremacía de la Iglesia católica.

Intolerancia religiosa contra la libertad de culto de las ideas liberales y promover el catolicismo medieval que enseña a callar y a obedecer... esa era la sociedad que querían los nuevos independentistas. Separación política de España cuando aquel país se hizo liberal, es decir, rechazo al liberalismo europeo para que las cosas de este lado permanecieran como estaban desde los últimos tres siglos.

La garantía de la unión de todos los mexicanos en realidad era la unión entre criollos y peninsulares, entre antiguos insurgentes y nuevos iturbidistas. Con la garantía de la supuesta unión de todos los mexicanos (que no ha existido nunca), los españoles y los criollos aseguraban el respeto a sus tierras, a sus posesiones y a sus privilegios, y, además, finalmente conservarían el mando de la sociedad.

En el siglo XXI, tanto México como Estados Unidos siguen reflejando lo mismo que en tiempos de sus independencias. En México no existe la unión de todos los mexicanos, y aunque hay tolerancia religiosa y un supuesto Estado laico, la Iglesia sigue sometiendo al país en el más difícil de los campos: el ideológico.

En resumen, las tres garantías garantizaban poco: separarse de España cuando ahí triunfaban los liberales, para que aquí siguieran al mando los conservadores; la unión de criollos y peninsulares para mantener privilegios, y, ante todo, la Iglesia católica como garante del mismo orden social medieval.

México se volvió república federal en 1824, pero el catolicismo siguió siendo el único culto aceptado y no hubo libertad de credo hasta que la impuso Benito Juárez en 1861. En 1833 comenzó en México la era de Santa Anna, que vino y volvió del poder 11 veces, algunas de un par de semanas y otra de un par de años. No gobernó más de cinco años de tiempo corrido, pero dominó la política nacional de 1833 a 1855 y fue uno de los grandes paladines de la Iglesia.

En 1857 comenzó la larga era de Benito Juárez, quien en 1861 declaró la tolerancia religiosa, pero nunca la tolerancia hacia los que no pensaban como él. Eso sí, durante sus 15 años de gobierno aplacó a la Iglesia y sus Leyes de

Reforma generaron movilidad social. Pero en un país con un rencor heredado de generación a generación, los nuevos poderosos nunca fueron mejores que los anteriores.

En 1876 comenzó el Porfiriato, y aunque don Porfirio era de origen tan liberal y *comecuras* como Juárez, descubrió que al pueblo hay que someterlo y que la Iglesia estaba mandada a hacer para eso. Las sotanas volvieron a actuar detrás del poder.

La Constitución de 1917 quitaba definitivamente sus privilegios a la Iglesia, y los gobiernos de Álvaro Obregón (1920-1924) y Plutarco Elías Calles (1924-1928) estaban dispuestos a ejercer la ley… Y así como en 1857, con la llamada Guerra de Reforma, la Iglesia volvió a levantar en armas al pueblo contra el Estado para no perder sus privilegios.

El partido de la revolución sedujo a la Iglesia igual que a todos los sectores sociales, repartiendo un poco de plata, un poco de plomo y un poco de privilegios, aunque la ley dejaba a la Iglesia fuera de la vida política, a donde regresó a finales del siglo XX y en la que está más metida que nunca. En los albores del siglo XXI sigue promoviendo marchas contra las leyes que garantizan la igualdad.

RECORRIENDO EL PASADO:
DE LOS ESCOMBROS DEL IMPERIO ESPAÑOL

En México, con un presente tan jodido, y un futuro cada vez más oscuro en el horizonte, siempre hemos tenido adicción a un pasado supuestamente heroico y glorioso, que de ser verdadero evidentemente nos tendría con un mejor presente y una luminosa visión del futuro.

Adictos al pasado como somos, hemos desarrollado, o se nos ha programado, la idea de que tener mucha historia y mucho pasado es una virtud, de que un país o pueblo con pasado es, de alguna forma, mejor que el que no lo tiene. Como si la antigüedad nos diera pedigrí. La realidad del siglo XXI nos demuestra que los países menos atados al pasado son los que tienen mejores niveles de desarrollo y civilidad, pero poco le ha importado al mexicano la realidad si ésta contradice sus mitos.

Por eso nos aferramos a las teorías que nos adjudican 3 000 años de historia, aunque para ello sea necesario torcer dicha historia hasta convertir a los olmecas en mexicanos. Pero le pese a quien le pese no tenemos tres milenios de historia, no como México por lo menos. Hablamos de un país mestizo con dos raíces básicas igual de importantes: la amerindia y la hispana, y lo propiamente mexicano comienza a gestarse con el encuentro de esas dos raíces.

En el siglo XVII había un estable virreinato de Nueva España poblado por indígenas, mestizos, españoles... y un nuevo componente: el criollo, español nacido en América. Si México es un país mestizo es evidente que su historia comienza con el mestizaje, y ese ocurre con la llegada de los hispanos.

Si queremos irnos para atrás hasta los olmecas, vayamos también para atrás a la raíz hispana. Entonces podremos llegar hasta el Imperio romano... O simplemente podemos asumir ambas raíces y entender que somos mestizos, lo cual es imposible sin el elemento español.

Así pues, los pueblos de Mesoamérica fueron conquistados por Hernán Cortés y por otros españoles. Pero México nunca fue conquistado, pues aún no existía; de hecho, nuestro país comienza a originarse en esa conquista, en ese momento, cuando una parte de nuestros ancestros conquistó a la otra. No somos un pueblo conquistado.

Desde el siglo XVI y hasta el XIX, la Corona española gobernó este territorio en el que se formó un reino llamado Nueva España. En ese reino todos se discriminaban entre sí: la élite blanca discriminaba a los mestizos, que a su vez discriminaban al indio, que a su vez discriminaba a las diversas castas, que a su vez discriminaban al negro que fue traído como esclavo, ya que fue discriminado por la Iglesia, que le adjudicó alma al indígena, pero no al negro.

Pero la élite blanca tampoco estaba unida, sino dividida en dos: el español peninsular, nacido en España y que viajaba al Nuevo Mundo, y el español criollo, nacido en América. Éste era discriminado por el primero, que era quien detentaba los principales puestos de gobierno. No fue entre mestizos e indígenas donde surgió la idea de separarse de España, sino entre los españoles criollos. Los españoles de aquí lucharon contra los españoles de allá; ese es el origen de nuestra independencia.

No fue casualidad que los cuatro virreinatos españoles de América se liberaran entre 1808 y 1824, en tan poco tiempo y todos juntos. Lo que hay detrás de las independencias, y hace que se den todas en un lapso tan breve, y todas juntas, es la decadencia total del Imperio español, que remata con la invasión de Napoleón Bonaparte a España. Pero de aquí surgen varias de las grandes mentiras y los legendarios mitos en la historia de la libertad mexicana.

Así pues, vayamos de nuevo a Europa para entender desde allá lo que pasó aquí. Comencemos brevemente desde el siglo XVI, que fue paradójico para España, pues nació como una potencia y comenzó su decadencia casi al mismo tiempo, en gran medida porque sus propios gobernantes no la consideraban un país, sino una propiedad privada… Más o menos como pasa en el México del siglo XXI.

Ya se ha mencionado que la casa real que era dueña de España, los españoles y América, con indios y recursos, no era de origen español, sino una familia austriaca, la más poderosa de aquel mundo y creadora del primer gran imperio europeo que daba la vuelta al mundo: los Habsburgo. La primera mafia en el poder.

El ya mencionado Carlos V, emperador alemán y rey de España, heredó el trono a su hijo Felipe II, quien fue el primero en tomar el poder en una España unificada que, por herencia de Castilla, incluía las posesiones americanas. Como además era hijo de Isabel de Portugal, también accedió a ese trono en 1589, y por añadidura, a la posesión de Brasil. Es decir, que ese hombre era dueño de casi toda América, de las Islas Filipinas (llamadas así en honor de su ego), de diversas colonias en Asia y África, de España y Portugal, y de otros terrenitos en Europa.

Pero la visión medieval de los Habsburgo los hacía ver todo eso no como un país o un imperio, sino como posesiones familiares, como un patrimonio que podía ser derrochado y explotado a placer, lo que precisamente hicieron. Así que más que de un Imperio español, lo que existió fue el Imperio de los Habsburgo, que fue una gran potencia bajo el mandato de Felipe II, de 1556 a 1598, pero ya con Felipe III, de 1598 a 1621, era un imperio quebrado y destinado al fracaso.

Lo anterior por algo muy simple: mientras potencias nacientes como Inglaterra, Francia, Suecia y Países Bajos entraban de lleno a una economía industrial, es decir, de generación y comercialización de productos, los Habsburgo, con esa inmensa mina de recursos que era su América, vivían atados a la visión agrícola del Medioevo: a la explotación de los recursos naturales.

En el siglo XVII los Habsburgo representaban lo medieval, contra los nuevos reinos que simbolizaban lo moderno; aun así, eran herederos de un imperio que abarcaba medio mundo. Pero de 1618 a 1648 hubo una serie de conflictos europeos, hoy conocidos como Guerra de los Treinta Años, mediante los cuales los países nacientes arrebataron a los Habsburgo parte de su poder e hicieron más acelerada su decadencia, totalmente notoria bajo el mandato de Felipe IV, de 1621 a 1655.

Cuando parecía que nada podía ser peor, tomó el trono el más incompetente rey español hasta el momento, al que tiernamente, para no llamarle estúpido, su pueblo bautizó como *el Hechizado*: Carlos II. Ningún ser humano, salvo que estuviera bajo un embrujo, podía ser tan idiota, pensaba el español; de ahí que optaran por ese inefable sobrenombre que más de un presidente de nuestro país ya debería de haber tenido también.

Además de morir en bancarrota, Carlos II murió sin herederos, en 1700. Antes de fallecer, con el propósito de no causar problemas, y hasta una guerra por la sucesión, decidió heredar su trono en testamento a su sobrino Luis Felipe de Borbón, también nieto de Luis XIV, rey de Francia. El nuevo rey asumió la Corona española con el nombre de Felipe V desde 1700, y fue así como ese año una nueva dinastía tomó el poder en España, y lo conserva hasta la fecha: los Borbón.

Una de las principales preocupaciones de la nueva familia en el poder fue aprovechar al máximo las riquezas de América, que según ellos había sido derrochada y mal aprovechada durante la época anterior. Los Borbón trataron de sanear la economía española con el pago de deudas y con una mejor administración, más eficaz y austera, todo sacando más riqueza de América. Para ello los Borbón establecieron una serie de reformas que entraron en vigor en los virreinatos americanos en distintos momentos a partir de 1750 y que transformaron toda la vida política, social, económica, religiosa y cultural de América.

En resumen, las reformas borbónicas limitaban el poder de los virreyes y sacaban de la alta burocracia americana a los criollos, para que toda la administración pública dependiera de españoles peninsulares, enviados específicamente por el rey con esa misión. Así, los altos cargos del gobierno quedaron reservados para españoles, y los criollos, que se sentían los legítimos habitantes de la Nueva España, se vieron imposibilitados para gobernar al que consideraban su reino.

También se formó un ejército virreinal, pero sus gastos deberían ser pagados con la riqueza americana. Parte del objetivo de ese ejército era imponer por la fuerza las reformas que no fueran aceptadas por la población. Es decir, de pronto al criollo le imponían un ejército enviado de España, con jefes españoles, para hacer cumplir las nuevas órdenes de España en contra de los criollos, pero todo pagado con los impuestos de éstos. No debe extrañarnos: los ejércitos siempre han sido una herramienta que los poderosos pagan con recursos del pueblo, para someter al propio pueblo.

En términos económicos se establecieron monopolios reales, principalmente el del tabaco, uno de los mejores negocios de la época. Esta medida provocó gran descontento entre los productores particulares de tabaco, quienes vieron desaparecer su negocio en poco tiempo. El gobierno español instaló la Real Fábrica de Puros y Cigarros, con lo que pudo controlar las etapas de cultivo y manufactura.

Con la riqueza obtenida, los reyes Borbón se dedicaron a financiar la minería, pero la mayor parte del metal era enviado a la península. Básicamente, con recursos de América se trató de industrializar a España, mientras la Nueva España se convertía en proveedor de recursos naturales. Fue entonces cuando los criollos comenzaron a despertar, pero no porque se viera amenazado su país, ya que aún no existía ese concepto, sino porque vieron amenazados sus privilegios. Poco cambia la política con los siglos.

Cuando comenzó el siglo xix, con Francia e Inglaterra en plena revolución industrial, España tenía unos 150 años de atraso y había exportado la Edad Media a América en todos los sentidos, no sólo por la economía agrícola y la dependencia de los recursos naturales, sino por el dominio de una nobleza holgazana y el sometimiento total a una Iglesia que añoraba los tiempos de oro de la Santísima Inquisición.

México: voltea a tu alrededor en el siglo XXI a ver si algo ha cambiado.

NAPOLEÓN: LIBERTADOR DE AMÉRICA

A principios del siglo XIX España de nuevo estaba quebrada, hundida y en el fondo del pozo de la decadencia, gobernada por otro reyezuelo de segunda, Carlos IV, heredero de una familia que de tanto vivir en la opulencia jamás aprendió a administrar la abundancia (recordemos a López Portillo y sus histriónicos discursos presidenciales), y que de tanto rendirse a los vicios y los lujos, nunca aprendió a gobernar, función banal, que por lo tanto, delegaban en otras personas. Una de esas personas se llamaba Manuel Godoy, la sombra detrás del poder y artífice de múltiples artimañas e injurias en la Corte española.

Sin ahondar demasiado en el asunto, la situación fue simple: parte de las cortes y la nobleza española apoyaban a Carlos IV, pero la otra mitad, Godoy incluido, respaldaban a su hijo Fernando para que asumiera el trono español como Fernando VII. Las presiones llegaron a tal grado que en 1807 Carlos abdicó a favor de su hijo, pero luego se retractó, con lo que comenzó una encarnizada lucha entre padre y vástago por conservar el trono, así como los hijos del PRI se pelean el trono mexicano con su padre.

Mientras esto sucedía en España, el resto de Europa estaba siendo conquistado por Napoleón Bonaparte, quien poco o nulo interés tenía en España; aunque sí lo tenía en Portugal, aliado de Inglaterra, con quien mantenía comercio y puertos abiertos a pesar de que el emperador francés había decretado un embargo económico. Por eso Bonaparte decidió invadir Portugal y someter a la familia real del rincón de Europa: los Braganza.

Ya que poco o nulo interés tenía en España, en un primer momento intentó no desperdiciar tropas en ese reino, que él consideraba salvaje e incivilizado, por lo que decidió negociar con el rey el paso libre de sus tropas a Portugal, con la garantía de que no habría invasión; pero grande fue su sorpresa al caer en la cuenta de que ni siquiera estaba seguro de quién era el rey con quien debía negociar.

Carlos y Fernando pretendieron nombrar a Napoleón como árbitro en su disputa; ante la incompetencia de ambos, el emperador logró que Carlos oficializara su abdicación en nombre de Fernando, quien previamente había renunciado a cualquier derecho en nombre de Napoleón, el cual, por su parte, usó ese derecho para nombrar rey a su hermano, que asumió el trono español como José I.

Lo anterior nos conduce a develar otra de tantas contradicciones de nuestra historia, ya que a partir de 1808, cuando comienzan los llamados movimientos libertarios contra España, la Nueva España ya era francesa, ya que José Bonaparte, junto con el trono español, había adquirido todos los derechos y las posesiones que el trono le confería.

Como quien dice, ni siquiera estaba claro contra quién se luchaba por la independencia, mucho menos qué se buscaba con esa independencia, y menos aún qué ideas había detrás de ese movimiento. Vayamos, pues, al mundo de las ideas.

La revolución francesa se basó en las ideas de la llamada Ilustración, que eran ideas consideradas liberales. Básicamente, soberanía popular, república, laicismo, igualdad social ante la ley, ausencia de fueros de cualquier tipo, igualdad entre nobles y plebeyos, pérdida de privilegios para Iglesia y aristocracia, división de poderes, etcétera.

Todas esas ideas aterrorizaban a los poderosos de las naciones europeas y le ponían los pelos de punta al papa, sobre todo aquel asunto de que la soberanía dimanaba del pueblo y no de dios, argumento que podía derribar el poder terrenal que ostentaba la Iglesia. Los aristócratas, con base en la patraña de la sangre azul, también distinción divina desde luego, tampoco estaban muy tranquilos.

La conquista de Europa a manos de Napoleón llevó esas "endemoniadas" ideas francesas a todo el continente y el liberalismo corrió como reguero de pólvora entre los llamados ilustrados y entre la burguesía, con la firme oposición de las monarquías, que buscaban evitar a toda costa que esa diabólica teoría, que echaba por tierra el sustento de su poder, se extendiera por Europa. Por eso las monarquías europeas atacaron a la Francia surgida de esa revolución.

La revolución francesa provocó un baño de sangre en Francia y en el resto de Europa. Cayó una de las monarquías más tradicionales y la más absolutista de Europa, y el gobierno emanado de la revolución se sumergió en el caos, hasta que Napoleón Bonaparte tomó el poder como cónsul en 1799 y como emperador en 1804.

Napoleón era fiel representante de las ideas liberales de la Ilustración y de la revolución francesa; por eso, la llegada de los Bonaparte a España también significó la llegada de las ideas liberales al país más recalcitrantemente católico, retrógrada, conservador e inquisitorial del mundo.

Aun así, José I tuvo partidarios en España, que fueron llamados afrancesados, que se oponían al hermano del emperador, que se hacían llamar patriotas. Ellos, desde luego, no le decían José I, sino que se referían a él con el apelativo con que es conocido históricamente, incluso por los que nada saben de los Bonaparte: Pepe Botella.

Ese llamado Pepe Botella llevó a España las ideas liberales de la revolución francesa, en 1808, cuando esas mismas ideas liberales eran comunes en Estados Unidos. A donde ese liberalismo prácticamente nunca llegó fue a la América hispana, es decir, a la Nueva España, protegida tras la sombra protectora de la Santa Madre Iglesia y su Inquisición, que hacía valer el tristemente célebre índice de libros prohibidos, esa bibliografía satánica, perversa y sediciosa que todo buen creyente debía evitar, so pena de arder en lo más profundo de los sulfurosos infiernos.

Los movimientos libertadores de Nueva España se llevaron a cabo contra la intervención de Francia en España, y en nombre de Fernando VII, el monarca más incompetente, conservador y absolutista que haya tenido España. De ahí que el cura Hidalgo inaugurara la supuesta guerra de independencia gritando: "¡Viva Fernando VII!" ¿Cómo se puede hablar de una guerra de independencia contra España cuando el que la encabeza lucha en nombre del rey de España?

LAS TRES GUERRAS DE INDEPENDENCIA

Como siempre se nos ha vendido la idea del pueblo unido —los buenos que luchan como un solo ser contra la injusticia—, y como siempre se nos ha vendido la idea de que

México era un antiquísimo país conquistado por los españoles, evidentemente tuvieron que decirnos que el pueblo, bueno y unido, luchó como un solo ser contra la injusticia española para obtener la independencia. Como historia nacionalista, esa es muy bonita.

Así pues, cuenta la leyenda que en México hubo una sola guerra de independencia y que ésta duró de 1810 a 1821, siempre con la idea de 11 años de lucha constante y encarnizada en que los mexicanos lucharon contra los españoles.

Es momento de aprender que eso no fue así.

Con Hidalgo, de septiembre de 1810 a enero de 1811, la lucha fue entre un ejército, el virreinal, entrenado y disciplinado, y una multitud enardecida, motivada más por la posibilidad del saqueo que por el ideal de alcanzar una independencia que en muchos casos no comprendían; menos aún si recordamos que el cura de Dolores gritaba vivas al rey de España, probablemente al más déspota que tuvo aquel país: Fernando VII.

Ni hubo una sola guerra de independencia, ni siempre fue la emancipación el ideal por el que se luchaba. Y tampoco hubo 11 años de conflicto, ya que entre 1816 y 1820 no se presentó ninguna batalla y el reino novohispano tuvo un control español total. Hay que decir también que cuando llegó a haber dos ejércitos en pugna, básicamente durante la era de Morelos, tampoco hubo un ejército mexicano contra uno español. Llegó a haber dos ejércitos, ambos de criollos, mestizos e indígenas, luchando entre sí, a favor o en contra de España y de su rey.

Evidentemente también domina la idea de que todos estos llamados héroes de la independencia lucharon juntos, codo con codo, cuidándose las espaldas, motivados por su elevada y común exaltación emancipadora, todos amigos y todos leales, en un solo frente, como una sola columna.

Poco se dice que Allende e Hidalgo fueron enemigos prácticamente durante todo su movimiento, o que este último sólo vio a José María Morelos una vez en su vida y que, desde luego, jamás pelearon juntos; que Morelos y sus dos brazos, Hermenegildo Galeana y Mariano Matamoros, no conocieron en persona a Ignacio López Rayón, sucesor de Hidalgo, hasta 1813, así como que los movimientos nunca estuvieron de acuerdo. Finalmente, todos aquéllos fueron perseguidos por Iturbide, quien a la postre fue el que logró la libertad.

A lo largo de 11 años, entre 1810 y 1821, hubo tres guerras completamente distintas entre sí, no sólo por el hecho de que fueron comandadas por líderes distintos, sino porque además perseguían objetivos diferentes, a veces completamente incompatibles. De esas tres guerras, cada una con un proyecto distinto, triunfó la última en una fecha que también ha sido borrada de nuestra historia: el 27 de septiembre de 1821, día de la independencia.

Pero cómo empezó todo el asunto de desear la independencia y luchar por ella. ¿Un pueblo tan dividido como el de la Nueva España del siglo XIX podía luchar unido por la independencia? Más aún, ¿qué significa ser independiente? Para la mayoría de la población nada cambió una vez que este territorio comenzó a llamarse México y dejó de depender de España.

En 1800 había unos seis millones de habitantes en la Nueva España; es decir, que 300 años después de la llegada de los españoles la población no se había recuperado. Tan sólo había 25 millones en la llamada Mesoamérica en el siglo XVI; tres siglos después, una cuarta parte de esa población habitaba un territorio cuatro veces más grande. Los indígenas representaban 60%, los españoles, entre peninsulares y criollos, 15%, y los mestizos y las castas, 25 por ciento.

La situación novohispana al comenzar el siglo XIX era contradictoria y paradójica: el reino estaba en pleno crecimiento y se extendía hasta las costas de Canadá; había un gran auge minero, agrícola y ganadero; se mantenía comercio con casi todo el mundo, y la riqueza manaba del país —como dijo Alexander von Humboldt— cual cuerno de la abundancia.

Pero la situación era conflictiva y aquella riqueza se quedaba en muy pocas manos; el territorio no era bien controlado por España ni por la Nueva España, y los criollos habían sido desplazados del poder en constante conflicto con los españoles. El reino tenía millones de kilómetros de costas, pero con sólo dos puertos decentes y sin una cultura naviera; la población ya era estable, pero la estructura social era inmutable. No existía la movilidad social, ni las oportunidades: quien nacía pobre estaba condenado a morir pobre, y era el color de piel el que determinaba las posibilidades de cada ser humano.

Los criollos evidentemente eran una clase privilegiada y durante los primeros dos siglos del virreinato tuvieron acceso a los más altos puestos de gobierno. Pero a partir de que las reformas borbónicas comenzaron a aplicarse, fueron separados de los altos puestos de poder. Ahora los peninsulares mandaban sobre ellos; ahora quedaban en medio, con menos privilegios, apartados de la fortuna y con más carga fiscal para mantener a la Corona.

A partir de ese momento los criollos comenzaron a coquetear con la idea de la separación política. En ese momento un sector social generó una conciencia de clase y la idea de liberarse de la opresión española. La independencia jamás fue una idea o un proyecto indígena; mucho menos el plan de un pueblo. Fue el proyecto de los ricos y los poderosos para seguir siendo ricos y poderosos. Poco ha cambiado el México del siglo XXI.

Los criollos comenzaron a conspirar por el poder. Y la invasión de Napoleón a España fue el momento que estaban esperando. En 1808 las tropas francesas invadieron España, y el 1º de mayo Napoleón obligó al rey español Carlos IV y a su heredero, Fernando VII, a abdicar al trono y a nombrar a José Bonaparte como rey de España.

En julio de ese año se conocieron en Nueva España estas noticias. El virrey José de Iturrigaray convocó a la Real Audiencia del reino, formada por españoles peninsulares, y al ayuntamiento de la Ciudad de Méjico, formado por criollos, para discutir la situación. El ayuntamiento declaró que la soberanía, a falta de monarca, debía tomarla el pueblo, y debía convocarse a una Junta de Gobierno, independiente de la de España, que guardara el reino para Fernando VII.

Hay quien pretende ver en esta postura, encabezada por el licenciado Francisco Primo de Verdad, el inicio de la independencia, pero en realidad era un conflicto político entre criollos y peninsulares, es decir, entre hispanos de aquí e hispanos de allá, por ver quién representaría en este reino al destronado rey.

Por cierto que el virrey Iturrigaray decidió apoyar la postura de Primo de Verdad, es decir, la del ayuntamiento, y los criollos, de formar una junta provisional de gobierno. Los peninsulares de la Audiencia vieron amenazados su poder y sus privilegios, por lo que asesinaron a Primo de Verdad y dieron un golpe de Estado contra el virrey.

No había un plan de independencia, sino sólo una lucha para ver quiénes representarían al rey de España en su ausencia. Se impuso la voluntad de los peninsulares y a partir de ese momento varios grupos de criollos conspiraron contra ellos. Uno de los grupos más famosos lo encabezaba Ignacio Allende.

La mañana del 14 de septiembre de 1810 todo parecía estar relativamente tranquilo en la Nueva España. La principal noticia era que finalmente había un nuevo virrey oficial en la capital: Francisco Javier Venegas. La primera noche que éste durmió como virrey en el palacio fue la del 14 de septiembre de 1810.

Durmió tranquilamente por única vez en su mandato, ya que la noche siguiente diversos conspiradores comenzaron a moverse por la zona del Bajío, hasta que casi al amanecer el párroco de Dolores levantó en armas a los campesinos de su pueblo y comenzó una serie de saqueos y batallas que el México de hoy festeja como el inicio de la llamada guerra de independencia. Pero como se ha señalado, ya que hubo tres distintas guerras con objetivos diferentes, es importante analizarlas una por una.

LA GUERRA DE HIDALGO

Ya en el siglo XVIII hubo algunas conspiraciones contra el poder virreinal, pero las más importantes comenzaron en 1808. Una de ellas fue organizada por el corregidor de Querétaro, Miguel Domínguez, quien puso al mando militar al capitán Ignacio Allende, del regimiento de Dragones de San Miguel el Grande. Decidieron invitar a participar al cura de Dolores, Miguel Hidalgo, por su popularidad.

Se habla de que tenían programado comenzar un levantamiento en octubre, pero el hecho de ser descubiertos adelantó los hechos. Y no fue la conspiración desenmascarada lo que precipitó la guerra, sino los ímpetus personales de Miguel Hidalgo.

Allende y Domínguez buscaban tomar el poder con la menor violencia posible, poniendo de su lado a altos mandos militares, sociales, políticos y religiosos. Poco, o más bien nada, señala nuestra historia acerca de las desavenencias entre Allende e Hidalgo desde antes del estallido de la guerra. Allende siempre estuvo en contra de levantar en armas a una multitud descontrolada que sería imposible disciplinar; Hidalgo, por su parte, asumió el liderazgo militar y dejó de lado a los militares, a quienes nunca escuchó.

La noche del 15 de septiembre Allende estaba muy preocupado por lo que pudiera hacer "el cabrón del cura", que es como llamaba a Hidalgo, y siempre se manifestó en contra de llamar a la gente a las armas; más aún, a la medida de Hidalgo de liberar a los presos y darles armas. Pero a lo que más se opuso siempre Allende fue a que se permitiera el saqueo por parte de la multitud, a lo que la respuesta de Hidalgo fue simple: "Si sabe otro modo de hacerse de seguidores, dígamela, porque yo no lo conozco".

El 15 de septiembre de 1810 Hidalgo hizo sonar las campanas de la iglesia de Dolores y convocó a los feligreses a la insurrección. Es imposible saber con certeza las palabras pronunciadas por Hidalgo, pero hay cierto consenso en que fue algo así como: "¡Viva la América! ¡Viva la virgen de Guadalupe! ¡Viva Fernando VII! ¡Mueran los gachupines! ¡Muera el mal gobierno!"

Si nos basamos en su "grito" podremos ver una invitación a pelear por el rey de España, y si nos basamos en sus actos (tomar como estandarte la imagen guadalupana), podremos ver una dosis de manipulación religiosa de un pueblo analfabeta que no comprendía el concepto de libertad, pero sí el de seguir a la virgencita y obedecer al señor cura. Tenemos una guerra en la que el peso diario que ofrecía Hidalgo a los combatientes, más lo ganado en el saqueo, era la verdadera motivación de la turba iracunda que llegó a sumar a 80 000 mil personas.

Con esa multitud indisciplinada, mal armada y motivada por el rencor social, Hidalgo y Allende tomaron San Miguel, Celaya, Salamanca e Irapuato. No hubo batallas; la gente de Hidalgo entró a los pueblos, saqueó lo que pudo mientras el cura encarcelaba y despojaba a gachupines, y seguían adelante. El primer enfrentamiento en forma ocurrió en Guanajuato, a donde se encaminaron con la intención de capturar armas y municiones, y, desde luego, tomar la ciudad más rica del reino.

Cuando una multitud indisciplinada se levanta en armas con el resentimiento y el ansia de botín como incitación, es prácticamente imposible controlarla; ese es el gran peligro. Eso sucedió con las tropas de Hidalgo, y en Guanajuato tuvo lugar la primera matanza de inocentes, una masacre total por la que el obispo electo de Valladolid (Morelia), Manuel Abad y Queipo, excomulgó a Hidalgo, quien por esa razón cambió el rumbo que llevaba hacia la capital del virreinato y decidió dirigirse con toda su gente a la capital de la Intendencia de Michoacán, para convencer al cabildo catedralicio de levantar la excomunión.

Tras el saqueo de Valladolid (momento en que se dio el único encuentro con Morelos), tomaron rumbo a Toluca y siguieron su camino hacia la capital. En el Cerro de las

Cruces, entrada a la Ciudad de México, se enfrentaron a una pequeña tropa del ejército realista a la que derrotaron fácilmente. Ahí, tras esa victoria, con la capital virreinal casi en su poder, Hidalgo se retiró a Guadalajara y propició uno de los acontecimientos más polémicos en la historia de la independencia. ¿Por qué tras una victoria y con la capital inerme ante sí Hidalgo se retiró?

En nuestra historia plagada de mitos, donde aquellos a los que hemos catalogado como héroes son perfectos y no cometen errores, se nos ha dicho que el temor al saqueo y las matanzas fue lo que detuvo al cura de Dolores. Como siempre, es importante analizar, más que lo dicho, lo callado. Si Hidalgo había permitido e incluso promovido el saqueo en todo el recorrido, ¿por qué de pronto quiso evitarlo en la capital?

Lo callado es que ya en ese momento, octubre de 1810, y tras sólo seis semanas de iniciada la insurrección, las diferencias entre Allende e Hidalgo eran irreconciliables; de hecho ellos prácticamente ya eran enemigos, y fue el teniente Allende quien se negó a entrar con sus tropas a la ciudad.

Además, ocurrió otra cosa, algo que el militar ya había previsto: cuando la turba vio muertos, heridos y sangre, y escuchó el estruendo de los cañones, huyó despavorida, más aún en una batalla en un cerro al despoblado, donde a pesar de la victoria no había nada que saquear.

Fue así que, a pesar de la victoria, entre muertos, heridos, desertores y la negativa de Allende, Hidalgo no tenía tropas para tomar la ciudad, además de que se había quedado sin municiones. Tras la retirada, Allende e Hidalgo siguieron caminos distintos, el primero a Guanajuato y el segundo a Guadalajara.

Tras los dos fue el jefe militar realista Félix María Calleja, quien derrotó primero a Allende. Sólo por eso el teniente fue a Guadalajara a encontrarse de nuevo con Hidalgo, quien había organizado una matanza de civiles españoles y se había hecho de una buena multitud otra vez.

Pero una vez más el párroco no quiso seguir las instrucciones del militar y decidió salir a enfrentarse con Calleja. Siete mil hombres tenía el español, y unos 80 000, el cura, pero fue derrotado en la batalla de Puente de Calderón. Una vez más la multitud huyó despavorida, en esta ocasión ante la certera artillería de Calleja.

A partir de ese momento Hidalgo y Allende ya no sólo eran enemigos, sino que el primero ya iba en calidad de prisionero del segundo, quien lo despojó del mando. Marcharon hacia el norte, tal vez en busca de ayuda estadounidense como se asegura, tal vez simplemente huyendo, o tal vez, como cada uno denunció del otro en su respectivo juicio, con la intención de robar los restos del dinero del movimiento y escapar del país.

No importa, los dos fueron capturados y fusilados. Sus cabezas, junto a las de los líderes Jiménez y Aldama, colgaron en las esquinas de la Alhóndiga de Granaditas hasta 1821. En julio de 1811 la guerra iniciada por Allende e Hidalgo había terminado, apenas 10 meses después de haber comenzado y sin lograr su objetivo, si es que lo tuvo.

Ignacio López Rayón, quien fue secretario particular de Hidalgo, intentó continuar con el movimiento y formar una Junta de Gobierno que a la postre se estableció en la ciudad de Zitácuaro. También continuaron otros movimientos armados, todo ellos de criollos: Rafael Iriarte tomó León y Aguascalientes, Julián Villagrán controló el Valle del Mezquital, José Antonio Torres se hizo de Guadalajara. El problema fue que no era un esfuerzo común, sino diversos levantamientos aislados. Quien logró unificar en gran medida el movimiento fue José María Morelos, que sólo se entrevistó con Hidalgo una vez en su vida y durante pocos minutos.

López Rayón recibió de Allende la instrucción de tomar el mando si ellos perecían. Morelos tenía un pedazo de papel donde Hidalgo lo nombraba general y le asignaba la misión de insurreccionar el sur. Así que de nuevo había dos líderes, e igual que sus mentores, cada uno con un proyecto distinto.

La guerra de Morelos

Los datos históricos aseguran que Morelos fue tan hispano como Hidalgo, Allende, Aldama o Iturbide. En su acta de bautizo está registrado como hijo de español y de española; esto es, se trata de un criollo. Pero además estudió en el Colegio de San Nicolás, reservado para la élite blanca, y sólo un hispano pudo haber ingresado a dicha institución. Y finalmente no hay que olvidar que realizó dichos estudios para poder ser sacerdote y heredar el curato de Carácuaro, que pertenecía a su familia. Dicha herencia y la propiedad de ese curato no habrían podido ser posibles si hubiera pertenecido a una casta.

La guerra de Morelos comenzó el 20 de octubre de 1810, y hay que decir que por causas desconocidas. Nada antes del saqueo de Valladolid por parte de Hidalgo hacía pensar que José María Morelos tuviera ideas independentistas, menos aún de guerra. No obstante, tras su única entrevista con Hidalgo, marchó hacia el puerto de Acapulco y reunió a su propio ejército.

La guerra de Morelos fue totalmente distinta a la de Hidalgo, mucho más importante y trascendente; de ella surgieron los grandes insurgentes que sobrevivieron a la contienda y hasta gobernaron el país. Duró cinco años, tuvo un proyecto republicano, estableció la idea de la soberanía popular y verdaderamente logró poner en jaque a las autoridades virreinales.

Félix María Calleja, considerado el mejor militar de todo el imperio, durante años se sintió incapaz frente al genio de Morelos y de sus seguidores. Así como las ideas de Hidalgo deben juzgarse según sus palabras y sus actos, lo mismo debe hacerse en el caso de Morelos. Así se entiende que sus guerras son distintas por completo.

José María Morelos comenzó solo su guerra, pues no era parte de ningún movimiento ni tenía seguidores, tampoco había hecho acopio de armas ni había una conspiración que lo respaldara, todo eso que sí tuvo Hidalgo. Pero de cualquier forma el cura de Carácuaro también se hizo de seguidores importantes, con una gran diferencia en relación con Hidalgo: Morelos les hizo caso.

Siempre dijo tener dos brazos: Mariano Matamoros y Hermenegildo Galeana, cura el primero, hacendado el segundo. Matamoros resultó un líder nato entre las tropas, y Galeana, una voz sabia. Morelos nunca quiso tener una multitud como la de Hidalgo; desde el principio opinó que un ejército más pequeño sería más útil. Además, no fue líder único, sino que dividió tropas entre sus hombres de confianza: Hermenegildo Galeana, Mariano Matamoros, Vicente Guerrero, Nicolás Bravo, Guadalupe Victoria; cada uno de ellos tenía sus tropas, cumplía misiones distintas, conquistaba y resguardaba territorios. Existía una estrategia.

También hubo proyecto: Morelos prohibió estrictamente el saqueo, el robo, la lucha de castas y toda acción de rencor social. Es decir, quien siguiera a Morelos debería hacerlo con la conciencia de que luchaba por la independencia, no por un salario y menos aún por un botín.

Morelos, además, sí habló de independencia, se opuso de manera contundente a luchar por Fernando VII y a que se mencionara al rey de España en el seno del movimiento. Para no cometer los errores de Hidalgo, se negó a ser líder absoluto, por lo cual siempre repartió su liderazgo. Cuando el Congreso formado por los insurgentes quiso dotarlo de poder político, él se negó a aceptarlo, pues ya estaba a cargo del mando militar. Y finalmente, cuando en este Congreso se le concedió el mismo título que exigió Hidalgo, Alteza Serenísima, lo rechazó y tomó en cambio el de Siervo de la Nación.

El momento cúspide de la guerra de Morelos fue el Congreso de Chilpancingo, o Congreso de Anáhuac, un intento por institucionalizar el movimiento insurgente. Se reunió el 6 de noviembre de 1813 con diversos líderes que tenían opiniones distintas; particularmente, ahí se vieron las caras Morelos e Ignacio López Rayón; este último mantenía la postura de luchar en nombre de Fernando VII, cuando Morelos pugnaba por una independencia total.

Ahí, en Chilpancingo, en ese año, se proclamó por primera vez la independencia del país, algo que nunca hizo Miguel Hidalgo. También ahí Morelos presentó un documento conocido como *Sentimientos de la nación,* en el que dejó por escrito su proyecto. Y así como de Hidalgo se deben analizar sus vivas al rey de España y a la virgen de Guadalupe, es importante revisar lo que planteaba Morelos en aquel documento:

- Que la América es libre e independiente de España y de toda otra nación, gobierno o monarquía, y que así se sancione dando al mundo las razones.
- Que la soberanía dimana inmediatamente del pueblo, el que sólo quiere depositarla en el Supremo Congreso Nacional Americano, compuesto de representantes de las provincias en igualdad de números.
- Que los poderes Legislativo, Ejecutivo y Judicial estén divididos en los cuerpos compatibles para ejercerlos.
- Que como la buena ley es superior a todo hombre, las que dicte nuestro Congreso deben ser tales, que obliguen a constancia y patriotismo, moderen la opulencia y la indigencia, y de tal suerte se aumente el jornal del pobre, que mejore sus costumbres, alejando la ignorancia, la rapiña y el hurto.
- Que las leyes generales comprendan a todos, sin excepción de cuerpos privilegiados; y que éstos sólo lo sean en cuanto al uso de su ministerio.
- Que para dictar una ley se haga junta de sabios en el número posible, para que proceda con más acierto y exonere de algunos cargos que pudieran resultarles.
- Que la esclavitud se proscriba para siempre, y lo mismo la distinción de castas, quedando todos iguales, y sólo distinguirá a un americano de otro el vicio y la virtud.

Es decir, Morelos proclamó la independencia, sin rey de España, y agregó algunos conceptos liberales como la soberanía popular depositada en un Congreso, la división de poderes y la eliminación de fueros. Pero, además, postuló ideas fundamentales que siguen sin aplicarse en el país, como aquel punto en que señala la buena ley como superior al hombre, y que ésta debe moderar la opulencia y la indigencia, así como generar buenas costumbres. ¿Qué diría Morelos de nuestro México de hoy?

Un concepto interesante es aquel de que grupos colegiados de sabios —entendamos por esto, expertos en el tema— que elaboren las leyes. Hoy en día, con tantos temas tan diversos que se tienen que abarcar en el quehacer nacional, sería del todo beneficioso que grupos de expertos de cada tema fueran responsables de las leyes pertinentes. Pero hay un punto en particular que México no ha logrado alcanzar aún: que sólo distinga a uno de otro el vicio y la virtud. Es decir, generar una sociedad de méritos y no una de influencias y contactos.

Hay que señalar lo contradictorio de Morelos, un hombre ilustrado que fue maestro de latín y gramática, pero que al final también fue un sacerdote educado al estilo español, es decir, conservador. Eso también se deja ver en sus *Sentimientos de la nación*:

- Que la religión católica sea la única sin tolerancia de otra.
- Que el dogma sea sostenido por la jerarquía de la Iglesia, que son el papa, los obispos y los curas, porque se debe arrancar toda planta que dios no plantó.
- Que los empleos sólo los americanos los obtengan.
- Que no se admitan extranjeros, si no son artesanos capaces de instruir y libres de toda sospecha.
- Que en la misma se establezca por Ley Constitucional la celebración del día 12 de diciembre en todos los pueblos, dedicado a la patrona de nuestra libertad, María Santísima de Guadalupe.

Junto al liberalismo de corte francés de Morelos se puede ver su conservadurismo español y algunos de los complejos que aquejan al mexicano hasta hoy. Antes que nada, instituye como proyecto la intolerancia religiosa que tantos conflictos trajo a México en el siglo XIX; no sólo la intolerancia, sino incluso la supremacía de la Iglesia, y, desde luego, el guadalupanismo como proyecto de nación. Junto a esas ideas se puede ver desde entonces el miedo a lo extranjero, derivado de que, a pesar de la independencia, se sigue teniendo miedo a la conquista.

Pero con pros y contras, Morelos escribió un ideario y lo planteó ante un Congreso, que en 1814 lo transformó en Constitución. Había un proyecto que mezclaba la modernidad con lo medieval, pero proyecto al fin, y ante todo, tenía una clara y definida idea de independencia total con respecto de España. Eso no ocurrió en 1810, sino que hubo de esperar hasta 1813 para que cristalizara. Si bien es cierto que sin un Hidalgo no hubiera habido un Morelos.

Sin embargo, esa guerra también se perdió y aquel proyecto quedó olvidado. A partir de 1814 José María Morelos declinó, los españoles derrotaron y mataron a Mariano Matamoros y a Hermenegildo Galeana, a quienes el Siervo de la Nación consideraba sus brazos derecho e izquierdo. Los insurgentes comenzaron a tener diferencias de nuevo, cada vez más irreconciliables; el proyecto de López Rayón se apartaba del de Morelos y los seguidores de unos y otros comenzaron a enemistarse.

Tras cinco años de combate Morelos también perdió, lo capturaron mientras intentaba salvar el Congreso y fue fusilado el 22 de diciembre de 1815 en Ecatepec. Con su muerte terminó esa etapa de la guerra de independencia; los demás insurgentes se dispersaron, muchos fueron capturados y a partir de 1817 la mayoría de los que sobrevivieron se acogieron a una ley de indulto que absolvía a los insurgentes que se entregaran a las autoridades.

En términos prácticos, terminó la guerra. Félix María Calleja, ya como virrey, dejó un reino totalmente pacificado a su sucesor, Juan Ruiz de Apodaca. Prevalecían focos aislados de insurrección que no significaban grandes problemas para la autoridad virreinal, y subsistían tan sólo dos insurgentes, Vicente Guerrero y Guadalupe Victoria, escondidos en la sierra, el primero en calidad de salteador de caminos, y el segundo viviendo como un ermitaño. La guerra terminó y de 1816 a 1820 ya no hubo conflictos armados importantes.

Hay quienes quisieran integrar a Francisco Xavier Mina en esta supuesta guerra única, y lo hacen precisamente para eso: para poder afirmar que fue una sola guerra y que en 1817 fue él quien la peleó. Pero nos dicen poco de este héroe: era un español liberal que luchaba contra Napoleón por la liberación de España y, más adelante, contra Fernando VII y su absolutismo.

Este aventurero fue persuadido por Servando Teresa de Mier de que una forma de luchar contra el rey de España era colaborar con la causa de la independencia. Así llegó a las costas de la Nueva España en abril de 1817. En octubre ya había sido fusilado y no logró absolutamente nada.

El balance de siete años de guerra y de las terribles atrocidades cometidas por ambos bandos era de más de 600 000 muertos (aproximadamente 10% de la población); los campos fueron arrasados; las minas, inundadas; el comercio, aniquilado, y el otrora próspero virreinato quedó sumido en la ruina.

Además, en 1814 Fernando VII volvió al trono español, con lo cual para muchos se perdía la causa original del movimiento. Pero el regreso del rey generó cambios en España; el pueblo que luchó por devolverle el trono se lo condicionó, y el monarca tuvo que aceptar una constitución liberal, que quitaba poderes a la Corona y a las clases privilegiadas; pero al poco tiempo el rey restableció el gobierno absolutista.

Desde ese momento hubo en España una guerra civil entre liberales y conservadores; los primeros triunfaron en 1820, cuando por presiones sociales el rey tuvo que volver a aceptar una constitución liberal. Ese evento, esa llegada del liberalismo a España, fue el detonador final de la verdadera independencia de la Nueva España: las élites americanas no estaban dispuestas a aceptar el proyecto liberal. La maquinaria conservadora que planeó la independencia comenzó a moverse.

La guerra de Iturbide

Agustín de Iturbide también fue criollo; nació en 1783 en Valladolid y como muchos aristócratas terratenientes fue invitado a la lucha contra los peninsulares. De hecho, otro silencio histórico omite decirnos que Iturbide era pariente de Hidalgo y que fue éste quien lo invitó a unirse a la lucha antes del saqueo de Valladolid.

Se omite también que Iturbide estaba de acuerdo con la causa de la independencia, pero no con la forma en que Hidalgo y luego Morelos pretendieron llevarla a cabo; siempre criticó que Hidalgo hubiera usado el rencor social y el odio contra el español como armas, mientras que el propio

101

Iturbide pensaba que era importante mantener una buena relación con España, tanto económica como cultural.

Cuando envió su negativa a Hidalgo, jamás le expresó que fuera por lealtad a la Corona o al rey, sino porque no vislumbraba un plan o un objetivo en su movimiento, del que vaticinó exactamente lo que ocurrió: que desencadenaría matanzas, saqueos y caos, y que no lograría nada positivo. Fue así que de 1810 a 1815 Iturbide se volvió uno de los más importantes militares en contra de las luchas de independencia. Sin embargo, la situación de 1820 lo hizo decidirse, ahora sí, a luchar por la separación política respecto de España, pero tenía la idea de hacerlo sin violencia y sin enemistarse con los españoles.

Para entender el cambio de posición de Iturbide hay que comprender también lo que pasaba en España. En 1814 Fernando VII volvió a ser el rey, pero, como se ha señalado, en medio de un conflicto entre conservadores y liberales; los primeros pretendían que España siguiera siendo un país con nobles y aristócratas privilegiados y con un rey que detentara poderes absolutos, al estilo feudal. Los liberales querían una monarquía constitucional, sin privilegios para la Iglesia y los nobles.

Como se dijo, Fernando volvió al trono en 1814 tras jurar una constitución liberal, a la que desconoció de inmediato, gobernando como monarca absolutista hasta 1820, cuando una revolución liberal lo obligó a aceptar la Constitución de Cádiz, que limitaba los poderes del rey, de la Iglesia y de la aristocracia. Esa constitución también iba a entrar en vigor en América en mayo de 1820.

Las élites privilegiadas de Nueva España, criollos y peninsulares, no estaban dispuestas a que se restringieran sus privilegios. Entonces buscaron la separación política de

España y trataron de aprovechar esta situación para plantear una nueva forma de relación mediante la cual se aceptaba a Fernando VII como rey, pero con un gobierno independiente.

Es decir, Fernando VII sería rey de España y rey de México, pero como reinos separados y cada uno con su propio gobierno. Así, a lo largo de mayo de 1820, representantes de las clases altas y medias, la Iglesia y el ejército, se reunieron en el Templo de la Profesa para planear la forma de llevar a cabo esta separación.

La idea era que no hubiera guerra, sino una transición pacífica, para lo cual muchos veían como una amenaza a Vicente Guerrero, el único de los luchadores originales de la independencia que seguía levantado en armas escondido en la sierra. Por eso se decidió nombrar jefe militar a Iturbide, para que éste capturara a Guerrero.

Pero Iturbide se dio cuenta de que la forma más rápida de lograr la independencia era unir a los dos bandos, es decir, a insurgentes y realistas; por lo que en vez de perseguir a Guerrero comenzó a intercambiar correspondencia con él y le propuso que unieran sus fuerzas para declarar la independencia.

El 24 de febrero de 1821 Guerrero se adhirió al Plan de Iguala proclamado por Agustín de Iturbide; de esa unión entre los insurgentes y los realistas nació nuestro país, que apenas después del 27 de septiembre de aquel año comenzó a llamarse Méjico, con j. La alianza entre Iturbide y Guerrero no sólo significó el nacimiento de una nación, sino que éste se ocurriera sin más derramamiento de sangre.

El Plan de Iguala, también llamado Trigarante, giraba en torno de los tres máximos ideales que serían los pilares del nuevo imperio: la religión católica como fe oficial, la independencia política y la unión de todos los habitantes del territorio, sin importar su origen.

Estas tres garantías quedaron representadas por tres colores: verde para la independencia, blanco para la religión y rojo para la unión. Ese fue el origen de la bandera tricolor de México, que hasta la fecha se festeja el 24 de febrero, día en que Guerrero se unió a Iturbide, no obstante que el nombre del libertador no se menciona en esa ocasión. Mientras Iturbide y Guerrero se aliaban, las cortes en España designaban al que fue el último gobernante de Nueva España: Juan de O'Donojú.

Pero antes de hablar del último gobernante español en nuestro suelo, a quien también se le restan méritos, es importante, al igual que con Hidalgo y Morelos, juzgar a Iturbide por sus acciones y sus palabras, y tratar de entender su proyecto, particularmente establecido en su Plan de Iguala, que poco se menciona y menos aún se lee… En una de esas haría quedar bien al libertador, a quien tan mal ha tratado la historia.

"Americanos, bajo cuyo nombre comprendo no sólo a los nacidos en América, sino a los europeos, africanos y asiáticos que en ella residen…" Nótese, antes que nada, que México, o Méjico, como se prefiera, sigue sin ser la referencia al país, y que tanto Hidalgo como Morelos e Iturbide se refieren a América, pues el concepto de México como una nación aún no existía. Más allá de eso se puede ver el proyecto incluyente: los habitantes del nuevo país serán todos aquellos que residan en él, sin importar su origen.

"Las naciones que se llaman grandes en la extensión del globo fueron dominadas por otras, y hasta que sus luces no les permitieron fijar su propia opinión, no se emanciparon." Aquí hay un concepto fundamental que se debe entender en relación con el de independencia: las luces a las que se refiere Iturbide, la ilustración que un pueblo debe tener para poder ser libre, la educación que es vital para que un pueblo sea responsable de sí mismo. La responsabilidad que siempre debe acompañar a la libertad.

"Trescientos años hace la América septentrional de estar bajo la tutela de la nación más católica y piadosa, heroica y magnánima. La España la educó y engrandeció, formando esas ciudades opulentas, esos pueblos hermosos, esas provincias y reinos dilatados que en la historia del universo van a ocupar lugar muy distinguido." El concepto de identidad también se hace presente en el proyecto de Iguala, una identidad ubicada necesariamente en el elemento hispano, ya que es un ideal criollo, pero que parte de una realidad que ya ha sido mencionada: el México de hoy es resultado del virreinato, de la mezcla ocurrida en ese periodo.

"Conocidos los daños que origina la distancia del centro de su unidad, y que ya la rama es igual al tronco, la opinión pública y la general de todos los pueblos es la de la independencia absoluta de la España y de toda otra nación." Aquí está la razón de la emancipación; los daños derivados de la distancia entre la metrópoli, la capital imperial, Madrid, y los dominios americanos; pero más importante que hacer hincapié en la distancia es el otro argumento: la rama igual al tronco. Iturbide plantea que, tras 300 años de dominio, se ha desarrollado una sociedad novohispana capaz y autosuficiente, al estilo de la española, de la que, por lo tanto, se puede independizar. He aquí, al igual que en Morelos, pero no en Hidalgo, una declaración de independencia.

Una paradoja total que hace que el libertador deba quedar en el cementerio de los próceres olvidados y sin letras de oro en el Congreso. Pero así es de paradójico y contradictorio el pueblo mexicano, que de hecho no festeja la consumación de la independencia, sino un levantamiento popular y sinsentido que no llevó a absolutamente nada.

"Americanos: ¿quién de vosotros puede decir que no desciende de español? Ved la cadena dulcísima que nos une: añadid los otros lazos de la amistad, la dependencia de intereses, la educación y el idioma y la conformidad de sentimientos, y veréis son tan estrechos y tan poderosos, que la felicidad común del reino es necesario la hagan todos reunidos en una sola opinión y en una sola voz." Finalmente, la reflexión que casi 200 años después sigue siendo necesaria: entender que el mexicano, en efecto, está relacionado con el español. Puede gustar o no, puede ir o no acorde con discursos oficiales o con patrioterismos recalcitrantes, pero es una realidad histórica. Además, culmina así la explicación sobre la forma en que buscaba llevar a cabo esa independencia: hacer de todo el pueblo una sola voz.

Tenemos 200 años de libertad y no hemos logrado ser una sola voz. Lograrlo sería otra forma verdaderamente patriótica de celebrar la libertad.

La libertad de México entonces la obtuvo Agustín de Iturbide. Pero desde luego esa libertad no incluía el más mínimo cambio social, razón por la cual durante los siglos XIX y XX la élite criolla siguió siendo la gobernante y, en muchos casos, la que sometía a mestizos e indígenas.

El único cambio fue muy simple: tras un conflicto en la cúpula blanca, los de aquí corrieron a los de allá; es decir, el criollo remplazó al español y todo lo demás siguió como estaba antes. Literalmente hubo un giro de 360 grados: ocurrió una vuelta completa para seguir exactamente en el mismo lugar. En ese sentido, muy poco ha cambiado México siglos después.

Los blancos fueran criollos o peninsulares que terminaron quedándose y adaptándose a las nuevas reglas políticas siguieron siendo la clase alta; los mestizos, la media, de arriba hacia abajo, según su pigmentación. Y el indígena quedó justamente donde ha estado desde siempre: hasta abajo de la pirámide social. Más allá de lo anterior no hubo un proyecto, ni una restructuración social y económica. Se trató de una simple independencia conservadora.

La independencia novohispana y la creación de México no significó una modificación en la estructura social, sino sólo un cambio del poder de españoles a criollos, con una economía dependiente de Inglaterra y un sistema agrícola feudal de terratenientes blancos. Ante todo, un sistema conservador que dejaba las cosas exactamente como estaban antes. Tal vez por eso el mexicano de hoy es conservador y le teme al cambio, pues nunca ha sido educado de otra manera. En su momento Benito Juárez lo intentó, pero el pueblo nunca se lo permitió.

En el México independiente, el poder quedó en manos de las clases que eran privilegiadas desde antes de la independencia, educadas al antiguo estilo europeo, y que comenzaron a afianzar sus fortunas y su poder con la explotación de sus tierras mediante la agricultura y la ganadería.

Las tierras quedaron reducidas a propiedad de unas pocas familias. En pleno siglo XIX, cuando Europa entró a la era industrial, la Nueva España, ahora México, era un país agrícola que gobernaban los criollos sin un sentido de nación, sólo en la persecución de sus propios intereses. Esta tradición política que ha cambiado poco sin importar el color de la piel de las personas.

Volvamos a los aprendizajes que se pueden obtener de la historia. El surgimiento de México y de los demás países de América Latina fue resultado de la decadencia del Imperio español. Esa decadencia podría aportar lecciones al México de hoy, pero hay que ser muy sabios para experimentar en cabeza ajena: la decadencia de España fue consecuencia de no modernizar la economía y el país en general. Cuando se produjeron las reformas fue demasiado tarde: el imperio había caído… ¡Cuidado, México!

Mientras otros países comenzaban su industrialización, España seguía con un sistema agrícola de tipo feudal, así como en el siglo XXI México se aferra a modelos del pasado, más relacionados con ideologías que con realidades. Aferrarse al pasado dejó a España sin imperio, ¿cuál podría ser la consecuencia para México? Renovarse o morir, se dice comúnmente… ¿Qué decisión tomaremos?

El misterioso nacimiento de la nación

Juan de O'Donojú llegó a nuestro suelo desde julio de 1821 para asumir el mando, ya no con el título de virrey de la Nueva España, pues la Constitución de Cádiz, que regía entonces, había cambiado la etiqueta por el de jefe político superior de la Nueva España. En términos prácticos digámosle como es la costumbre: el último virrey.

Para asumir el cargo no bastaba su mera presencia en el territorio. Debía llegar a la capital y presentarse ante la Audiencia con sus credenciales para recibir el nombramiento oficial. Pero desde su llegada a Veracruz, O'Donojú comenzó a informarse de la situación; supo que la aristocracia, los comerciantes, el clero y hasta el ejército estaban del lado de Iturbide. Ante la situación, y después de leer el Plan de Iguala, decidió entrevistarse con Iturbide y pactar la independencia.

Los dos personajes se vieron en Córdoba, Veracruz, en un encuentro organizado curiosamente por Santa Anna, y firmaron los llamados Tratados de Córdoba, por medio de los cuales O'Donojú aceptaba la independencia. Tras la firma de dichos tratados sólo faltaba que fuera nombrado por la Audiencia y recibir a Iturbide en la capital.

El llamado último virrey gobernó sólo del 24 al 27 de septiembre de 1821, pero su sensibilidad política fue de vital importancia para evitar mayor violencia, guerras y derramamiento de sangre, y para que la independencia se diera como una transición pacífica, de hecho, como lo que fue: una fiesta.

Las tropas de Iturbide, seguidas por los hombres de Guerrero, desfilaron en paz por la Ciudad de México el 27 de septiembre de 1821, y el 28 se firmó el acta de independencia que aún hacía referencia a un Imperio mexicano y aún con la idea de entregar dicho trono a Fernando VII o a algún otro miembro de la Casa Borbón.

El 28 de septiembre de 1821 éramos un Imperio sin emperador, en espera de que en España se tomara alguna decisión sobre los Tratados de Córdoba. Provisionalmente se formó una regencia para gobernar, aunque desde entonces el pueblo proclamaba a Agustín de Iturbide como el libertador y el único posible candidato a ocupar un trono en México.

Ya durante los meses en que el Ejército Trigarante recorría los poblados, la gente lo aclamaba Agustín Primero, emperador de México. Hoy es un olvidado de la historia, pero fue libertador de México y coronado, no sólo a petición popular, sino por un Congreso Soberano. Se le acusa de traidor por haber proclamado un imperio, pero nadie en este país concebía entonces otra forma de gobierno, y la palabra y concepto república era ajeno a toda la tradición política y a la historia.

Así pues, terminó 1821 y el trono del Imperio seguía vacío.

En 1822 llegó una noticia de España: tanto el rey como las Cortes, diputados novohispanos incluidos, rechazaban los Tratados de Córdoba, y por lo tanto, la independencia. En conclusión, ningún Borbón vendría a ocupar el trono de un imperio que no era reconocido.

Los Tratados de Córdoba estipulaban que, ante la negativa total de la Casa Borbón, las Cortes imperiales designarían al emperador. El problema era que no había Cortes, aunque sí había un Congreso. Entonces, la noche del 18 de mayo de 1822 hubo una manifestación popular que llegó hasta las puertas de la casa de Iturbide, en la Ciudad de México, pidiendo que se convirtiera en emperador.

Por la madrugada se pidió al Congreso que deliberara en sesión extraordinaria. Iturbide manifestó que se sujetaría a lo que decidieran los diputados, representantes del pueblo. Los diputados del Congreso votaron en secreto y el resultado fue de 67 votos a favor de coronarlo inmediatamente contra 15 por consultar a las provincias. Por deseo popular y por decisión legítima del Congreso, Iturbide fue proclamado emperador.

Vicente Guerrero, también fusilado más tarde como traidor, pero recuperado como héroe por nuestra narrativa histórica, le escribió el 4 de junio para comentarle cómo había sido la celebración donde él se encontraba: "Nada faltó a nuestro regocijo sino la presencia de Vuestra Majestad

Imperial; resta echarme a sus imperiales plantas y el honor de besar su mano, pero no será muy tarde cuando logre esta satisfacción, sí V. M. lo permite".

La coronación se llevó a cabo el día 21 de julio de 1822 en la Catedral Metropolitana; él y su esposa fueron nombrados emperador y emperatriz del Imperio mexicano. Tal vez en ese momento y no antes, cuando un Congreso Soberano mexicano nombró a un emperador mexicano, podríamos hablar de una verdadera consolidación de la independencia. Pero el libertador pasó al inframundo de la historia oficial por intereses ideológicos de los políticos del siglo XIX.

En Norteamérica, los colonos británicos se separaron de su imperio en su momento de gloria, cuando Inglaterra comenzaba su ascenso como potencia. Un grupo de pensadores, filósofos, abogados e inventores hizo un proyecto de nación, la guerra para imponerlo, y crearon el país planeado.

En América Latina el Imperio español comenzó a tambalearse en 1808. Para 1824 dicho imperio había dejado de existir, y de sus escombros, casi por sorpresa, sin mucho plan de por medio, habían nacido una serie de países a la deriva, México entre ellos. Nacimos sin plan, no pasa nada si se acepta… En una de esas, finalmente podríamos hacer uno.

DETRÁS DE LA INDEPENDENCIA:
EL MITO DE LA LIBERTAD

Toda historia nacionalista peca de romanticismo y gira en torno de la figura del héroe, el individuo que pelea por el pueblo. Pero en el terreno de la realidad es importante entender que los de arriba nunca pelean por los de abajo; el que lucha por el poder lo quiere para él, no para los demás.

Todo revolucionario hace una revolución para tomar el poder. El único cambio que hubo tras nuestra independencia fue que cambió el nombre y el estatus de los que detentaban el poder y sometían al pueblo. Cambió el explotador, pero permaneció incólume el explotado; esa fue la realidad de nuestra guerra de independencia, tras la cual la estructura social permaneció inmutable.

Las revoluciones pretenden que las cosas cambien y por eso nunca las hacen los de arriba. Los de arriba quieren que todo quede igual, pues las cosas están de modo que ellos son beneficiados. En el otro extremo de la pirámide, los de abajo no saben que las cosas pueden cambiar; no saben cómo hacer ese cambio, pues están sometidos ideológicamente, sea con la religión, sea con el nacionalismo.

113

Son los de en medio los que quieren un cambio: quitar a los de arriba. Para eso deberán convencer a los de abajo de que se lucha por ellos, de que hay una causa justa, de que el caudillo representa al pueblo. El de en medio planea, el de abajo se mata, el de en medio accede al poder; deja de estar en medio para estar arriba y ya no quiere que las cosas cambien.

Nunca se debe olvidar que nuestra independencia la planearon los criollos; los de en medio en Nueva España, y que comenzaron a planear varios movimientos de independencia cuando la situación para ellos fue desfavorable, no antes. La independencia de México fue una revolución de la élite, encabezada por Iturbide, cuyas ideas evidentemente no eran suyas en exclusiva, sino las del grupo elitista que logró consolidar lo que conocemos como independencia nacional.

España y Nueva España estaban dominadas por élites conservadoras. Cuando el liberalismo llegó allá, los conservadores de aquí ya no quisieron estar atados a esa España. Los sectores conservadores en México, los encumbrados socialmente, los privilegiados, pensaron que ya era buen momento para la emancipación. Entonces tomaron las antiguas banderas de los insurgentes, casi todos derrotados y muertos, y reanimaron la causa independentista sobre nuevas bases.

Se insiste en una sola guerra de independencia en la que los mexicanos, unidos, lucharon por su libertad, pero ¿cómo en una sociedad tan jerarquizada, tan excluyente y tan racista como la de principios del siglo XIX podría darse un movimiento de independencia de mexicanos contra los españoles?

Esa sociedad, que vivía en la total desunión, y en la que no se compartía la idea de patria o nación, o el concepto de

114

México, no pudo haber luchado unida por la libertad de ese México. Dos siglos después de dichos acontecimientos habría que sentarnos a pensar y a meditar si nuestra sociedad podría luchar toda unida por algo; ya no por la independencia del país, pero qué tal por su supervivencia y su grandeza. ¿Será nuestra sociedad actual menos jerarquizada y excluyente que la de entonces, más unida, más mexicana y con sentido de lo mexicano?

Se pasa por alto que, en aquella época y en este suelo, lo que determinaba a un ser humano era el pigmento de la piel: pertenecer o no a la descendencia española, ser más o menos indio. Existía una sociedad de grupos, excluyentes unos de otros, círculos sociales muy cerrados y de distinto orden. Habría que preguntarnos qué tanto cambio social podemos festejar 200 años después, pensar si hoy en día no hay diferencias por el color de piel, si hay o no grupos excluyentes y privilegiados y círculos sociales cerrados.

No deberíamos festejar el inicio de una guerra; deberíamos celebrar los logros obtenidos como país desde entonces, mucho más allá de las vivas y las canciones del 15 de septiembre, la única noche en que todos los mexicanos son iguales.

Había, entonces como hoy, muchas maneras de ser mexicano. Por un lado, por ejemplo, un rico minero, noble, dueño de haciendas y demás propiedades; por el otro, un indio que sólo poseía un calzón de manta y unos viejos huaraches. Ambos sujetos no pudieron tener el mismo nivel de participación en la independencia, porque la dependencia que tenían con respecto a España les representaba cosas distintas; el concepto mismo de libertad significaba cosas distintas.

115

Los criollos independentistas no pensaban liberar a los indios de servirles, sino que la independencia la concibieron como un movimiento que los liberaría a ellos de la sujeción a España. Para los de abajo, la independencia no significaba cambio alguno; con el mandato en Madrid o en la Ciudad de México, el peón seguía en la misma servidumbre. Hoy pasa lo mismo sin importar el color de los que arrebaten el poder.

En 1821 había un nuevo país libre llamado México, o en 1836, si se toma la fecha en que finalmente lo reconoció España, pero en ninguno de esos años cambió algo para el indio, el siervo, el campesino, el jornalero. Ese, el pueblo, siempre está sometido, principalmente por el mito nacionalista de la libertad, donde básicamente lo que importa es que el sometedor haya nacido en el mismo país que uno, y no en otro.

Nada cambió en la estructura social mexicana desde la independencia en 1821 hasta la llegada de Juárez en 1857. Juárez y su grupo liberal, en el que había intelectuales tanto criollos como indígenas, promovieron las Leyes de Reforma; para imponerlas fue necesaria una guerra entre 1858 y 1861, más una intervención francesa en 1862 que nos trajo al Imperio de Maximiliano de 1864 a 1867.

Diez años de guerra en los que la Iglesia siempre apoyó a los conservadores para que el país no cambiara, y durante los cuales Juárez luchó con el indio como carne de cañón de su ejército. Se le impuso un Estado laico a un pueblo que lo necesitaba, pero ni lo quería ni lo pidió. Con la confiscación de bienes a la Iglesia surgió una nueva clase social de hacendados productores del campo, pero también se despojó de sus tierras y sus propiedades comunales a los indios, cuyo derecho ajeno no fue respetado. Ellos, finalmente, seguían sin ser libres.

Después de Juárez, el indígena que fue presidente, tuvimos a Díaz, el indígena que fue presidente. Ambos se rodearon de la élite blanca y ninguno de sus gobiernos, 15 años uno y 30 el otro, trajeron beneficio alguno al indio.

De hecho, así como la eterna guerra para que Juárez conservara el poder la hicieron los indios, el precio del progreso del Porfiriato, es decir, los muertos, también fue pagado por los indios. En 1910 México vivía la bonanza económica de haberse sumado a la revolución industrial, más la pobreza y la desigualdad de haberse sumado al capitalismo. Todo eso con la mente de dominio, abuso y avaricia heredada históricamente por nuestras torcidas raíces.

El México de finales del Porfiriato era una sociedad de prosperidad industrial, con una nueva aristocracia burguesa, la élite blanca de la que se rodeó don Porfirio, que mandaba con los mismos aires de grandeza que la aristocracia a la que defendía Santa Anna. Por eso, entre otras cosas, hubo una revolución, pero como la mente mexicana es avariciosa y gandalla, de esa revolución sólo surgió un sometimiento más refinado.

LA INTOLERANCIA COMO PILAR
DE NUESTRA HISTORIA

No importa cuántos anuncios en los medios de comunicación repitan la palabra *tolerancia,* mientras no soltemos las raíces de intolerancia, odio y discriminación sobre las que se fundó este país. No, no es lindo decirlo, pero el respeto al que no es como nosotros, o no comparte nuestras ideas, es algo que simplemente no existe en el alma colectiva de nuestro México y es algo que no se puede lograr gastando miles de millones en pautas de publicidad.

Como todos los problemas de México, la única solución reside en aquello que el gobierno jamás ha estado ni estará interesado en darnos: educación de verdad. Si la tolerancia se impone, es de hecho un gesto más de intolerancia; ésta debe nacer de lo profundo de cada ser, de la convicción y no de la obligación, de la generación de conciencia y no de la coerción legal.

¿Es México un país intolerante, racista y discriminador? Tristemente hay quienes piensan que no, con lo cual corregir la situación se hace aún más difícil; pero el desprecio al distinto fluye por las venas de nuestro país. Muchos tipos de racismo e intolerancia originados en diferentes épocas están presentes en la actualidad mexicana. Xenofobia, homofobia, machismo, nacionalismo y clasismo son las causas de la discriminación en México y todas tienen fuertes cimientos históricos.

En México hay discriminación, en una original variedad, contra indígenas, contra españoles y contra mestizos, con lo que tenemos desprecio por nosotros mismos. También hay diversas manifestaciones de odio, temor y desprecio contra estadounidenses, centroamericanos, chinos y orientales en general, contra judíos, contra mujeres, contra homosexuales, contra ricos y pobres, contra nacos y fresas, contra chairos y vendepatrias... Y mexicanos en general. Cada mexicano tiene las etiquetas necesarias para odiar a otros mexicanos.

Un país mestizo que se las ingenia para despreciar de formas diversas a los dos componentes de su mestizaje. Sentimos orgullo por el indio muerto, el que dejó Teotihuacán y Chichen Itzá, el indio del pasado que presumimos con orgullo ante el extranjero, a quien nunca le mostramos lo que hemos hecho y hacemos con el indio vivo.

Además, resultado de los traumas de la conquista inculcados por la historia oficial, odiamos a nuestra otra mitad: el español; al que nos dejó el idioma, la religión, la cultura, el arte, el folclor y hasta a la virgencita de Guadalupe. Por añadidura, nos odiamos a nosotros mismos, los hijos del indio y el español, y de la virgencita y su conquista espiritual.

Los traumas de la conquista comenzaron contra España, pero en el siglo XXI se manifiestan mucho mejor contra el imperialista de hoy, el estadounidense, a quien le reclamamos incluso el nombre que le da a su país, como si al usar la palabra América para ellos nos despojaran a nosotros de algo sagrado, cuando los indios, que presumimos como nuestro origen, jamás fueron americanos, ya que América y su concepto son una construcción europea.

Al tiempo que nos quejamos de la discriminación a nuestros paisanos en el país del norte (que sólo son nuestros paisanos cuando los discrimina el gringo y lo vemos en la tele), por acá tratamos igual o peor al centroamericano que trata de entrar a México; ese centroamericano del que nos decimos hermanos, aunque despreciemos la parte de nuestra historia y cultura que en realidad nos hermana: la hispanidad.

El machismo, parte tristemente célebre de la estructura que nos han hecho pensar que nos define, es un componente muy curioso de amor, odio y temor hacia la mujer, ese ser al que todo macho conservador ve como inferior, aunque sea políticamente incorrecto manifestarlo hoy en día.

El macho de virilidad tan frágil que tiene que golpear a su mujer para sentirse hombre, o el que la somete económicamente para tenerla siempre bajo control. Un país misógino donde el machismo lo educan y lo perpetúan las mujeres, que en muchos casos son las primeras en odiar el género femenino del que forman parte, y que en otros tantos casos son orgullosas integrantes de un club de machos, misóginos y sexistas que las odian y consideran inferiores por no llevar algo colgando entre las piernas: la Iglesia católica.

Pero hay algo que aterra más al macho que la propia mujer, y que pone en peligro su hombría de forma mucho más amenazante: el homosexual, ese al que hoy "respetan", porque eso es lo de hoy, pero al que siguen considerando una combinación de enfermo, pervertido, loco y degenerado.

Un país que dice ser pobre pero honrado, que dice venerar la pobreza como humildad, pero donde cualquier transa es aceptable para salir de pobre. El México del eterno discurso de lucha y odio entre clases, donde todos los ricos son malos, según los pobres, y todos los pobres son holgazanes, según los ricos.

El país donde siempre hay una etiqueta para señalar despectivamente al que no es como nosotros, y donde inventamos el más disímbolo de los calificativos, NACO, para señalar a todo aquel que piensa y actúa de forma diferente. Ante todo, el país donde los políticos son los primeros en exacerbar las diferencias entre el pueblo, los que lo lanzan al combate eterno, los que viven del conflicto. Esas rémoras sociales que hablan de tolerancia mientras hacen negocio con el incordio.

El trauma de la conquista, acompañado del recalcitrante nacionalismo mexicano, sólo puede generar xenofobia, que es el miedo, la hostilidad, el rechazo o el odio al extranjero, con manifestaciones que van desde el rechazo más o menos manifiesto, el desprecio y las amenazas, hasta las agresiones y los asesinatos.

El miedo y odio al extranjero, que en México se complica de forma inesperada con el recalcitrante malinchismo étnico y cultural, que lleva a muchos mexicanos a idolatrar y a preferir todo lo que venga de fuera. Así pues, un pueblo que admira al extranjero y lo ve superior, y quizás por eso mismo lo odia.

A eso sumemos el patriotero discurso posrevolucionario donde todos los extranjeros son nuevos conquistadores en potencia que quieren despojarnos nuevamente de nuestros recursos, como esos malditos y desgraciados gachupines que nos conquistaron y se llevaron nuestra plata…

Y tenemos un discurso de odio que se manifiesta en aquello de que VIVA MÉXICO, JIJOS DE LA CHINGADA… porque para que México viva, alguien tiene que llevarse su mentada de madre. ¿Es posible encontrar tolerancia ahí?

El nacionalismo es la semilla de un discurso de odio; en Europa llegó a su punto álgido en el siglo XIX, cuando hablar otra lengua y ser de otra supuesta raza fue pretexto eterno de guerras y masacres, y en el siglo XX, en su versión de ultranacionalismo, se convirtió en nazismo, propició a la Segunda Guerra Mundial y causó millones de crímenes de odio. La estúpida idea de que nacer de un lado de esas cicatrices artificiales que son las fronteras lo hace a uno intrínsecamente superior.

Para entender que la intolerancia es un pilar de nuestra historia es primordial reconocer y entender nuestros orígenes. Mientras el mayor país de habla hispana, y recalcitrantemente católico, no acepte su hispanidad, es imposible dar un paso más allá. Viendo los orígenes de la Nueva España, germen de México, entenderemos que siempre hubo un conquistador por encima de la corona, un mandamás más allá del rey, un fundador más allá de España. México, hijo de Nueva España, es un proyecto de la Iglesia católica, y difícilmente podremos encontrar una institución en la historia de la civilización humana más intolerante que dicha Iglesia.

El vecino país del norte fue fundado por migrantes que huyeron de las persecuciones religiosas; el nuestro fue fundado por los perseguidores. Allá se garantizó la libertad de culto para evitar que se repitiera lo ocurrido en Europa; acá se instaló la Santa Inquisición para garantizar justamente lo contrario. La Iglesia, esa institución que perseguía y mataba al que actuaba y pensaba distinto, está en el tuétano, en el alma intolerante de México.

Así fue como la institución que prohibió los sacrificios humanos mexicas estableció sus propios sacrificios humanos por el terrible delito de pensar y ser diferente. Y desde luego, tenía una etiqueta para marcar por siempre al que tenía el atrevimiento de ser distinto: hereje.

Esa forma de pensar sigue en nuestro México incluso entre los no creyentes, como la izquierda que exige tolerancia para ellos, pero que tilda de vendepatrias al que no comparte su visión del mundo, o como la derecha, finalmente católica y heredera de esa intolerancia, y que también tiene su colección de etiquetas para sus enemigos políticos.

Nuestra universidad nacional, que como universidad debería ser cuna de respeto y pluralismo, pero que como nacional es evidentemente limitada, honra la intolerancia, la discriminación y el racismo en su lema aquel de "Por mi raza hablará el espíritu", surgido de la mente del racista, nazi y recalcitrante conservador católico más famoso de nuestra historia: José Vasconcelos.

Por mi raza, latinoamericana (lo que se evidencia en el escudo), suponiendo que tal cosa exista, hablará el espíritu que, en palabras del propio Vasconcelos, no es sino el espíritu santo, es decir, dios mismo. En resumen, dios habla por la inexistente raza latinoamericana. Y es la carta de presentación de la máxima casa de estudios.

México es resultado del catolicismo, el feudalismo, el sistema medieval, las ideas de la Contrarreforma y el pensamiento conservador. En el virreinato era la Iglesia contra los herejes, en la independencia fue el criollo contra el gachupín, a lo largo del siglo XIX el conservador contra el liberal y viceversa, en la revolución todos contra todos, y en el muralismo resultante se enaltece la lucha como valor, representada como proletario contra capitalista o indio contra gachupín. Finalmente, mexicanos contra mexicanos.

Más grave aún, se promueve como valor algo tan terriblemente intolerante como la tolerancia. Sí, la tolerancia es algo terriblemente intolerante de fondo. Tolerar es soportar, aguantar. El hecho de tolerar implica tener que soportar al otro aunque esté completamente mal, aunque sea un imbécil con ideas estúpidas, aunque él esté mal y yo bien. El que tolera no ha cambiado su mentalidad para hacerse plural y abierto; tolera porque es una imposición legal.

Lo que una sociedad requiere es respeto, no tolerancia. Respetar al otro, porque su forma de ver el mundo puede ser tan correcta o incorrecta como la mía, por eso no necesito tolerarlo, porque lo respeto. Tolerar implica la idea de dar al otro el derecho a existir, aunque esté equivocado; respetar implica poder convivir en paz y armonía con el otro sin importar sus ideas y su visión del mundo.

La intolerancia está en el alma de México, en sus venas, en su identidad, en su cosmovisión. El conflicto representado en nuestro escudo nacional, en nuestro himno, en nuestra identidad y en nuestra historia. El conflicto en nuestra política, en todo nuestro territorio, en todas nuestras mentes, en nuestra bandera y en la religión. Honramos día a día el conflicto y nos defendemos con los sucedáneos baratos del orgullo: el machismo, el nacionalismo, el patrioterismo.

La tolerancia como imposición legal nunca va a abatir la intolerancia, la discriminación y el racismo. Necesitamos respeto por el otro, por cada ser humano que se cruce en nuestro camino, por cada ente que padece lo mismo que yo y que todos, miedo, y que intenta defenderse de él disfrazándose con diversas estructuras que sólo nos separan e incrementan el miedo. Respeto como esencia de la educación, como máximo valor social y como proyecto de nación. No sólo estamos lejos, sino que ni siquiera estamos en el camino.

Intolerante era el pasado amerindio, sus teocracias y sus sacrificios humanos. Intolerante, el pasado hispano con su idea católica de sólo mi dios, sólo mi verdad, sólo mis ideas, quemar vivo al que no las comparta; algo en lo que no hemos cambiado mucho. Intolerante y discriminadora fue la guerra de Hidalgo, como lo fue el movimiento triunfante de Iturbide. Intolerante fue la Iglesia y los conservadores todo el siglo XIX, e intolerante fue también Benito Juárez, quien muy poco respeto demostró en sus acciones por el derecho ajeno. Intolerante fue don Porfirio; intolerantes, los revolucionarios, e intolerante, el partido que surgió de la revolución.

De la fusión violenta de dos raíces intolerantes nació en el siglo XIX un país violento con un pueblo intolerante. Un país que dedicó los primeros treinta años de su vida independiente a destruirse a sí mismo, entre otras cosas a causa de la intolerancia del pueblo contra sí mismo; mejor dicho, de diversos sectores sociales mutuamente intolerantes que no saben ser un pueblo… Justo como el México del siglo XXI.

RECORRIENDO EL PASADO:
MITO Y MITOTE REVOLUCIONARIO

Mito fundamental de una élite de poder emanada de una revolución, en cualquier país, es glorificar esa revolución. Siempre se nos ha enseñado que la revolución modernizó a México y que lo hizo pasar de un país de caudillos a uno de instituciones. Pero en el siglo XXI México dista de ser moderno en muchos aspectos y aún hay caudillos que hacen tambalear a las instituciones.

México ya era un país moderno cuando comenzó el siglo XX, antes de la revolución. Lo era gracias a Juárez, a Lerdo de Tejada y a Díaz, a pesar de que esa tan mexicana manía de desconocer al presidente en turno siempre estuvo presente. Juárez se enfrentó a varios intentos de quitarlo del poder y el propio Porfirio también. La lucha por el poder a través de la violencia es una constante de este país, que apenas en el siglo XXI comienza a comprender qué es la democracia; pero Juárez no la buscó, Díaz menos y el partido de la revolución tampoco.

En 1900 se había generalizado el rumor de que el presidente Díaz se retiraría con el siglo, y grande fue la frustración de los jóvenes aspirantes a políticos cuando éste lanzó su candidatura para el periodo 1900-1904, fecha en que no sólo no se retiró, sino que amplió el periodo presidencial a seis años, con lo que ganó una vez más la presidencia para el periodo 1904-1910.

Díaz había sido un liberal, pero a sus 70 años de edad mantenía las ideas y los métodos de sus 35, con lo que en realidad su liberalismo se iba tornando conservador; ya no tenía la fuerza, el empuje y el talento de antes, y su último periodo estuvo regido por el descontento.

Tal vez la gota que derramó el vaso fue la entrevista concedida a James Creelman, donde aseguró que vería bien que hubiera oposición para 1910 y así ceder el poder. Un aristócrata de Coahuila, Francisco I. Madero, se lo creyó, y escribió su famoso texto *La sucesión presidencial de 1910*, donde resumía un poco de la historia de México, de los pros y los contras del gobierno de Díaz y de su proyecto democrático.

En su libro hablaba de establecer la libertad política para que el pueblo pudiera recuperar sus derechos sociales, políticos y económicos con el fin de ejercer la democracia; pugnaba por aplicar y reformar la Constitución de 1857, y de ser necesario, promulgar una nueva Carta Magna, y finalmente, impedir una nueva reelección del presidente Porfirio Díaz, o dejarlo únicamente un periodo más, pero con libre elección del vicepresidente, senadores, gobernadores y diputados.

Díaz se entrevistó en Palacio Nacional con Madero el 4 de abril de 1909. Al culminar ese encuentro, Madero concluyó que el dictador no se decantaba por la democracia, y que sería necesario viajar por el país para promoverla. Fue así como comenzó la primera gran campaña presidencial, masiva y popular del país.

Ante su creciente popularidad, Díaz ordenó la captura de los maderistas y del propio Madero en San Luis Potosí, por lo que no contendió en la elección del 21 de agosto de 1910, en la que Porfirio Díaz y Ramón Corral fueron proclamados presidente y vicepresidente, respectivamente, hasta el 30 de noviembre de 1916.

Madero logró escapar y huir a Estados Unidos el 5 de octubre. Acto seguido lanzó el Plan de San Luis, donde desconocía a Díaz como presidente y llamaba a los mexicanos a tomar las armas el 20 de noviembre a las seis de la tarde; hay que decirlo, hasta para eso fuimos impuntuales, pero para diciembre ya había algunas sublevaciones con hombres como Abraham González, Pascual Orozco, Emiliano Zapata y Francisco Villa, que se sumaron al movimiento.

Un dato curioso, muy curioso, es que en octubre de 1909 Díaz se había entrevistado con el presidente estadounidense William Howard Taft, quien hizo varias peticiones descabelladas a don Porfirio. Taft exigía una base militar norteamericana en Baja California, devaluar el peso, otorgar concesiones petroleras a Rockefeller y suspender el proyecto del canal seco de Tehuantepec, que le haría competencia al canal de Panamá. Díaz se negó a todo en octubre de 1909 en Ciudad Juárez y El Paso; en octubre de 1910, Madero recibió en San Antonio todo el apoyo necesario para derrocar a Díaz.

¿Pero quiénes fueron los revolucionarios que se sumaron a Madero? Sería un error pensar que se agregaron a la causa por amor a la democracia, en la que Zapata no creía, que Orozco repudiaba, Villa no entendía y González usaba únicamente como discurso ideológico para tomar el poder.

Emiliano Zapata tenía ya su propia revolución desde años antes, no por México, sino por los campesinos de Anenecuilco, que desde 1906 mantenían un conflicto legal por la propiedad de sus tierras, tomadas por hacendados, cabe señalar, avalados por la Ley Lerdo. En 1909 fue nombrado presidente municipal y en mayo levantó al pueblo en armas para tomar la Hacienda del Hospital.

En 1911 decidió unirse al Plan de San Luis, no para sumarse a una causa nacional, sino para apoyar su propia causa y su propia revolución, la de su pueblo y su gente… Y claro, también para justificar las matanzas, los robos y los saqueos de haciendas que sus hombres ya habían llevado a cabo desde el año anterior. El 7 de junio de 1911 se entrevistó con Madero, quien intentó explicarle que la guerra había terminado, que era momento de formar gobierno y que era fundamental que dejara las armas.

Zapata lo acusó de traidor a la causa campesina y se enojó aún más al ver que Victoriano Huerta, con quien mantenía conflictos personales, permanecía en el gobierno maderista. Zapata abandonó la reunión diciendo que no entendía las guerras donde los vencidos ganaban, y el 25 de noviembre de 1911, con tan sólo 15 días de Madero en la presidencia, Zapata lo desconoció en el Plan de Ayala.

El duranguense Pancho Villa se llamaba Doroteo Arango, y son demasiadas las leyendas sobre su cambio de nombre, lo que probablemente hizo porque era un prófugo de la justicia, bandolero y salteador de caminos desde los 14 años de edad. En 1910 se le buscaba por cuatro asesinatos; ya había sido minero, albañil, carnicero y ladrón de ganado cuando Abraham González lo invitó a unirse a Madero.

Pascual Orozco fue otro chihuahuense, en este caso minero, dueño de una veta de oro. Era seguidor de ideas anarquistas y desde 1908 metía armas de contrabando al país.

En 1910 vio en el Plan de San Luis la oportunidad de dar rienda suelta a su propio proyecto anarquista.

Con Villa como subordinado, el 10 de mayo de 1911, los revolucionarios de Pascual Orozco tomaron la plaza militar de Ciudad Juárez. Ese fue el único acontecimiento violento de esa llamada revolución, contradiciendo por cierto las órdenes de Madero. Tras la toma de Ciudad Juárez, Díaz anunció que estaba dispuesto a renunciar a la presidencia para evitar que se derramara sangre.

El Congreso aceptó su renuncia y nombró como provisional al ministro de Relaciones Exteriores, Francisco León de la Barra, a las once de la mañana del 25 de mayo de 1911. Su única función fue convocar a elecciones, en las que ganó Madero el 11 de noviembre.

¿Fue todo lo anterior una revolución? No hay en Madero más proyecto que unas nuevas elecciones, en Zapata tener tierras para su gente, en Villa justificar su pasado de bandolero y en Orozco dar rienda suelta a sus ansias anarquistas. Se dice que la revolución mexicana comenzó con Madero el 20 de noviembre de 1910 para derrocar a Díaz. Si eso fuera cierto, habría que decir que esa revuelta debió terminar el 31 de mayo de 1911, cuando el dictador abandonó el país.

Faltaban, sin embargo, más de 10 años de matanza que dieron razón a las últimas palabras de Díaz a bordo del *Ypiranga,* el barco que lo llevó al exilio: "Han soltado al tigre, ahora a ver quién lo encierra". ¡Qué bien conocía Porfirio al pueblo mexicano! Tardamos 20 años en encerrar al tigre.

Si la revolución mexicana fue el levantamiento maderista contra Porfirio, ¿por qué no terminó en mayo de 1911? Es simple; sin el hombre fuerte en el poder, sin el puño de hierro, volvió a salir la más arraigada tradición del mexicano: luchar hasta la muerte por el poder. Así fue como los que se unieron a Madero y reconocieron su Plan de San Luis se levantaron en su contra y la clase política porfiriana, aferrada a su poder, conspiró contra Madero.

Madero tomó el poder de forma institucional tras unas elecciones organizadas por el presidente interino electo por el Congreso. Si esto fue la revolución, hay que comenzar por decir que no fue social; ese movimiento contra la aristocracia porfiriana la ganó un aristócrata, que dejó su gobierno lleno de aristócratas.

La llamada revolución no terminó; de hecho, aún estaba por comenzar. Villa, leal a Madero, depuso las armas, pero Zapata, que luchó por un reparto de tierras al que el terrateniente Madero se opuso, se negó a desarmarse. Proclamó el Plan de Ayala para desconocer al presidente y exigir tierras. En el norte, Pascual Orozco esperaba ser nombrado ministro de Guerra del nuevo gobierno, y al no recibir ese puesto esperado, desconoció también al presidente.

Hasta este momento todo lo que tenemos es una transición pacífica y una serie de guerrilleros sin disposición para dejar las armas. A esto hay que sumar que los representantes del viejo sistema se aferraban a no perder el poder y, desde luego, un factor más: la tradicional intervención de Estados Unidos.

El gobierno de Estados Unidos, actuando a través de su embajador Henry Lane Wilson, se preocupaba de la inestabilidad del país, de la poca fortaleza de Madero y de los intereses de sus ciudadanos; así pues, buscaron un hombre fuerte que pudiera restablecer el orden del Porfiriato y decidieron apoyar a Bernardo Reyes, quien, junto a Félix Díaz, se levantó en armas en Veracruz en octubre de 1912.

Ambos fueron capturados y condenados a muerte, pero el presidente les conmutó la pena por prisión.

Poco les duró el encierro, ya que en febrero de 1913 otro militar, Manuel Mondragón, junto con sus tropas, los liberó de la prisión y se dirigieron a atacar Palacio Nacional, donde fueron recibidos por las tropas de Lauro del Villar, quien detuvo a los invasores y ahí mismo logró matar a Reyes.

A partir de ese momento el hombre fuerte de Wilson fue Félix Díaz, quien junto con Mondragón y sus tropas se refugió en el depósito de artillería conocido como La Ciudadela. Era el 9 de febrero de 1913, y ante la condición herida de Lauro Villar, Madero nombró jefe militar a Victoriano Huerta, quien ya había luchado contra Zapata y Orozco.

Huerta fingió mantener sitiados a los traidores en La Ciudadela, hasta que llegó a un acuerdo de paz negociado con el embajador Wilson el 17 de febrero. Madero sería removido de la presidencia y Huerta tomaría el poder de forma provisional para entregárselo después a Félix Díaz. A la traición que se estaba planeando se sumaron los empresarios de la capital, quienes el 18 de febrero declararon su fidelidad a Huerta.

El 19 de febrero Madero y Pino Suárez fueron obligados a firmar la renuncia a sus cargos de presidente y vicepresidente. Y en un acto execrable avalado por el Congreso y el Poder Judicial, el secretario Pedro Lascuráin tomó la presidencia durante 45 minutos, únicamente para nombrar a Huerta como secretario de Relaciones Exteriores y posteriormente renunciar. De esa forma Huerta tomó la presidencia legalmente de forma provisional.

El 22 de febrero de 1913, Madero y Pino Suárez fueron arteramente asesinados a un costado del Palacio de Lecumberri. Se consumó así la traición y Huerta fue el nuevo presidente de México. Así es como la aristocracia de Díaz fue derrocada por el aristócrata Madero, quien fue asesinado por un militar porfirista. Sigue sin haber orden, ni proyecto, ni cambio. Este conflicto además no lo estaba peleando el pueblo; era un problema entre grupos militares.

Hasta este momento el recuento de los hechos es el siguiente: hubo una transición de poder en términos institucionales y un gobierno electo democráticamente. Después de eso vino una serie de desconocimientos al poder legítimo por parte de los guerrilleros que no vieron satisfechos sus reclamos personales.

A eso se suma una conspiración en la embajada estadounidense para poner a un hombre fuerte en el poder, ya fuera Reyes o Díaz. Todo lo anterior rematado con un golpe de Estado de Victoriano Huerta, quien además traicionó incluso al embajador norteamericano, ya que se quedó con el poder. Seguía sin haber una revolución ni un proyecto.

El 25 de noviembre de 1911 Zapata proclamó el Plan de Ayala, en el que desconocía al presidente Madero. El revolucionario del norte, Pascual Orozco, también se adhirió al Plan de Ayala en febrero de 1912; pero si Orozco era un propietario minero del norte, ¿qué tenía que ver con las demandas campesinas del sur?

Orozco había sido perseguido y derrotado por Huerta cuando éste aún era leal a Madero, pero cuando Huerta asumió el poder, Orozco se le unió, por lo que Zapata hizo reformas al Plan de Ayala, en las cuales ahora desconocía a Huerta como presidente y declaraba a Orozco traidor, a pesar de que éste había reconocido el plan. Queda claro que tanto Huerta como Orozco eran motivados sólo por el poder.

Hasta este momento la guerra ha pasado por dos etapas:

- Todos contra Díaz (presidida por Madero y sin objetivo claro).
- Todos (Zapata, Huerta, Orozco, Díaz, Reyes) contra Madero, tan sólo por el poder o por intereses personales.

Huerta se proclamó presidente el 19 de febrero de 1913 y fue reconocido como tal por todos los estados de la República, menos por Sonora y Coahuila. El gobernador de Sonora, Maytorena, desconoció a Huerta, proclamó la lucha contra él, pidió al Congreso local un adelanto de su sueldo de seis meses y recursos para la guerra... y luego huyó del país.

El gobernador de Coahuila, Venustiano Carranza, trató de negociar con Huerta la Secretaría de Gobernación. Al no obtenerla desconoció su presidencia a través del Plan de Guadalupe y así el 26 de marzo Carranza comenzó la tercera etapa:

- Todos contra Huerta. En ese momento los líderes revolucionarios se unen, pero no tienen un solo proyecto en común; sólo la idea de quitar a Huerta.

Estamos en 1913. Nadie ha establecido un proyecto, todos los planes han sido "en contra de", nunca a favor de algo, jamás con una propuesta. El único anhelo es la silla presidencial, no hay ningún cambio y sí muchas traiciones. ¿Dónde está la revolución?

En esta nueva etapa de la llamada revolución tenemos a otro aristócrata, Venustiano Carranza. Proclamó el Plan de Guadalupe contra el gobierno de Huerta y logró poner de su lado a Pancho Villa, Emiliano Zapata, Felipe Ángeles, Pablo González y Álvaro Obregón. En esta etapa todos luchan juntos y aliados, con Carranza como líder y Huerta como enemigo. Paradójicamente más adelante veremos que Carranza manda matar a Zapata y el autor intelectual será Pablo González. Más delante Obregón manda matar a Villa.

El principal aliado de Carranza en esta etapa contra Huerta fue definitivamente Álvaro Obregón, sonorense nacido en 1880 de una familia descendiente, según él, de la realeza castellana; es decir, tenemos a otro aristócrata más en esta llamada revolución que, además, nos dicen que es social. Hasta sus 20 años estudió matemáticas, historia y geografía e incursionó en la poesía, la carpintería, la música y el comercio. En 1906 era propietario de una hacienda y se dedicaba al cultivo de garbanzo.

Álvaro Obregón, junto con el profesor Plutarco Elías Calles, se adueñó de todo el estado de Sonora en pocos meses. Carranza lo nombró jefe militar de Sonora, Sinaloa, Durango, Chihuahua y Baja California. Después de dominar toda esa zona y Guadalajara, tomó la Ciudad de México con 18 000 soldados el 14 de agosto de 1914. En ese momento las fuerzas de Villa ya habían tomado Zacatecas, tropas estadounidenses habían invadido el puerto de Veracruz en apoyo de Carranza y Victoriano Huerta había huido del país.

Si la llamada revolución fue el levantamiento de Madero contra Díaz, ésta debió terminar en mayo de 1911 cuando Porfirio dejó el país, pero a pesar de que Madero tomó el poder de forma ordenada, la guerra continuó por los diversos caudillos y la debilidad del presidente.

En ese caso la guerra tal vez debió terminar cuando Huerta tomó el poder y prácticamente todos los gobernadores lo reconocieron, pero el conflicto siguió cuando Carranza logró sumar a los líderes revolucionarios en su causa contra Huerta. Así pues, la revolución mexicana, de existir, debió terminar con la derrota y huida de Huerta en junio de 1914. La guerra, sin embargo, no sólo no terminó, sino que entró en su cuarta y más cruel etapa: todos contra todos.

El 14 de agosto de 1914 se firmaron los Tratados de Teoloyucan, a través de los cuales las tropas federales se rindieron ante las tropas de Carranza, comandadas por Obregón. Zapata tiene tomado el sur y Villa, el norte. Todos se habían sumado al Plan de Guadalupe, por lo que lo conducente era aceptar lo pactado y reconocer a Carranza como presidente provisional y convocar a elecciones. En vez de eso comenzaron las recriminaciones y los desconocimientos que alargaron la guerra varios años más. A partir de ahora tendremos guerra civil; diversos grupos luchando todos contra todos.

Derrotado Huerta, comenzaron los conflictos entre todos los que estaban unidos sólo para derrocarlo, pero sin proyectos ni ideas en común. Vencido el enemigo, nada los detenía ahora para la matanza todos contra todos. Carranza exigió a Zapata que lo reconociera presidente, pero él exigió que se reconociera el Plan de Ayala, a lo que Carranza no estuvo dispuesto; se revive, pues, el conflicto con Madero.

Villa tampoco aceptó a Carranza y mandó fusilar a Obregón, a quien no logró capturar. Ante el caos que se anunciaba, varias facciones revolucionarias convocaron, en octubre de 1914, a una Convención Revolucionaria en la que debería elegirse a un presidente. Carranza aceptó la idea de la Convención, que se celebró en una ciudad considerada neutral: Aguascalientes.

En la Convención de Aguascalientes se reunieron villistas, obregonistas y carrancistas; los zapatistas tenían voz, pero no voto. Aun así, los villistas eran la mayoría y reconocieron el Plan de Ayala, además de que convencieron a algunos de las otras facciones de sumarse a su causa.

Tras una serie de deliberaciones, la Convención eligió como presidente de la República al villista Eulalio Gutiérrez. Una vez más, esto pudo ser el fin de la revolución, pero Carranza, que sólo había aceptado la Convención con la idea de ser nombrado presidente, se apresuró a desconocerla, y mientras Gutiérrez marchaba a la Ciudad de México, él se encaminó a Veracruz, con el apoyo de Obregón, para establecer allá su gobierno.

Venustiano Carranza recibió el reconocimiento oficial de Estados Unidos como presidente *de facto*; se mantuvo en ese estatus de octubre de 1915 a mayo de 1917, cuando en el marco de la nueva Constitución, proclamada en febrero de 1917, fue nombrado por el Congreso como presidente constitucional. Podría haber terminado la guerra, pero siguieron los conflictos con Villa y Zapata y pronto comenzaron contra Obregón.

Es momento de pasar a la parte folclórica de la revolución, con Pancho Villa. Ya era un bandolero y salteador de caminos cuando fue proclamado el Plan de San Luis y se sumó a la revuelta para justificar su pasado. Fue leal a Madero y por eso se sumó a Carranza, para vengar la muerte del presidente asesinado. Pero a partir de 1914 su historia es totalmente distinta, y es, como se ha señalado, el factor folclórico de la llamada revolución.

El 3 de enero de 1914 Pancho Villa firmó un contrato de exclusividad con la compañía cinematográfica estadounidense Mutual Films. Eso fue su revolución a lo largo de 1914: la filmación de una película estrenada en el Lyric Theatre de Nueva York con el título de *La vida del general Villa with Pancho Villa Superstar*.

A cambio de 25 000 dólares y pertrechos de guerra, Villa se comprometía a:

- Hacer todas las batallas de día.
- No permitir acceso a otros camarógrafos.
- Simular combates de ser necesario.
- Aplazar fusilamientos para que hubiera mejor luz en la filmación.

Casi nunca nos preguntamos, al estudiar nuestra historia, de dónde obtenía Villa dinero para tener siempre armadas y alimentadas a sus tropas, y eso es simple: todo lo proveía la producción de Mutual Films; finalmente gastos de producción. De ahí que, por cierto, las batallas de Villa vayan siempre en torno de las vías férreas, siempre seguido por el tren de la compañía de cine. ¿Dónde está su revolución?

El año 1915 significó para Villa el principio del fin; llegó a tener bajo su control 14 estados, pero perseguido por Obregón y Carranza, aquellos de los que había sido aliado para derrocar a Huerta. En agosto de aquel año fue derrotado por Obregón en Celaya y en octubre se sintió traicionado por Estados Unidos cuando dicho país reconoció el gobierno de Carranza.

Viene entonces otro evento folclórico que a veces nos venden hasta con orgullo y heroísmo: Pancho Villa ha sido el único hombre que ha invadido a Estados Unidos. Y aunque eso sea verdad, en el sentido de que penetró a su territorio con tropas, no hay nada heroico en dicho acto, no tiene relación con la llamada revolución, ni fue por el bien de la patria. Villa se sintió traicionado y en una rabieta el 9 de marzo de 1916 cruzó la frontera para destruir lo primero que encontró, que fue el pueblo de Columbus, Nuevo México.

Mientras tanto Carranza gobernaba. Un aristócrata más al mando de esa revolución de aristócratas en contra del régimen aristocrático de Díaz. La guerra la luchaban facciones del ejército, no el pueblo. En esa época había villistas, zapatistas, obregonistas, carrancistas... y "la bola", es decir, grupos de alzados buscando su beneficio o su supervivencia.

Carranza intentó institucionalizar la revolución y convocó a un Congreso Constituyente en Querétaro, en diciembre de 1916. En gran medida fueron recomendaciones de obregonistas las que lograron integrar artículos de mucha sensibilidad social a esa Carta Magna, para satisfacer demandas de campesinos y obreros, que tuvieron que ser integrados a esa guerra para poder ser ganada.

Bajo su mando la situación no mejoró debido al estado de caos total en que años de guerra habían sumido al país. Se enfrentó a huelgas, protestas contra sus nuevos impuestos destinados a mantener el gasto militar, entró en conflicto con las empresas mineras y petroleras estadounidenses y para mantener en orden a la burocracia permitió una corrupción sistemática. Los robos institucionales y los saqueos populares siguieron durante todo su mandato y robar dejó de ser un verbo usado, que fue sustituido por "carrancear". Bajo su gobierno y sus órdenes fue asesinado su antiguo aliado, Emiliano Zapata.

Podría parecer que ahora sí terminaba la revolución, pero una vez más se dio a notar que el único interés en aquella guerra era el poder. Don Venustiano no designó a su gran aliado Obregón como candidato presidencial, por lo que éste hizo lo único que se podía esperar: seguir la tradición y desconocer al presidente, a ese que se mantuvo en el poder gracias a su ayuda. Apoyado por su gran aliado, Plutarco Elías Calles, proclamó el Plan de Agua Prieta, cuyo único proyecto era desconocer a Carranza y convocar a elecciones que él pudiera ganar.

Al perder el apoyo de prácticamente todo el ejército, Carranza huyó a Veracruz, con la intención de instalar ahí su gobierno, en un lugar donde sería fácil huir en caso de necesidad; también por si había necesidad se llevó con él el tesoro nacional. Un ataque a las vías férreas hizo que el camino se debiera seguir en carreta, pero el viaje no duró mucho. Traicionado por las tropas que lo escoltaban, fue asesinado en Tlaxcalantongo, Puebla, el 21 de mayo de 1920.

El resumen hasta este momento del conflicto es muy complejo:

- Una transición pacífica de Díaz a Madero de forma institucional.
- Félix Díaz, Reyes, Zapata y Orozco contra ese gobierno institucional y legal de Madero.
- Villa está del lado de Madero; por lo tanto, es enemigo de Zapata, que lo desconoció.
- Huerta, como militar del gobierno y en defensa de Madero, ataca a Orozco y a Zapata, aliados en ese momento.

- Huerta deja de defender a Madero y da un golpe de Estado, sin proyecto, sólo por hacerse del poder.
- Orozco, que había sido perseguido y derrotado por Huerta, se vuelve su aliado, y por lo tanto, enemigo de Zapata.
- Carranza, Obregón, González, Villa y Zapata (enemigos antes) se unen contra Huerta y reconocen como líder a Carranza. Ahora todos los "revolucionarios" luchan juntos.
- Ante la huida de Huerta, Zapata y Villa (ahora aliados) desconocen a Carranza, quien es apoyado por Obregón.
- La Convención, dominada por Villa, elige un presidente: Eulalio Gutiérrez, un villista.
- Carranza no lo reconoce.
- Gutiérrez toma el poder en la capital y Villa lo invade junto con Zapata.
- Gutiérrez, villista, declara traidor a Villa.
- Doble y hasta triple presidencia hasta que Carranza tiene el apoyo de Estados Unidos.
- Carranza manda matar a Zapata, a través de Pablo González (habían luchado juntos contra Huerta).
- Obregón desconoce a su aliado Carranza y lo manda asesinar.

En 1920 iban 10 años de guerra y saqueo. Los aliados se vuelven enemigos y los enemigos se alían; los hoy llamados héroes se matan entre sí y ningún proyecto de nación es distinguible en bando alguno. La pregunta sigue: ¿dónde está la revolución?

EL MITO REVOLUCIONARIO EN MÉXICO
Y EL MUNDO

En 1789 la tensión y los conflictos se desbordaron en París. Tras años de infructuosas negociaciones entre la burguesía y el rey, estalló la violencia, un grupo de opositores a la monarquía tomó por las armas la prisión real, La Bastilla, y comenzó con ello la famosa revolución francesa. Tras varios años, muchas matanzas, intentos de restauración real y los sueños de grandeza de Napoleón Bonaparte, en Francia se estableció la república.

Más de 1 300 años de monarquía terminaron, el reino más antiguo de Europa se transformó en una república y el poder emanado de dios se transformó en la soberanía popular. Francia dio un radical giro de ciento ochenta grados después de 1789 y nada volvió a ser igual.

En 1917 hubo dos revoluciones en Rusia; la primera fue en febrero y terminó con una dinastía, los Romanov, que gobernaban desde 1613, y con una monarquía despótica y autocrática que venía desde el siglo xv. El parlamento ruso se transformó en gobierno provisional por muy poco tiempo, ya que una segunda revolución, ésta en octubre, derrocó al gobierno provisional, tomó el poder y estableció la famosa dictadura del proletariado.

Nació así el primer país autoproclamado comunista y marxista. Para 1922 Rusia, Ucrania y Bielorrusia firmaron un pacto con el que nacía la Unión Soviética: el sueño de Vladimir Lenin (y la pesadilla de muchos) se hacía realidad. En un solo mes la monarquía zarista desapareció y en un mismo año Rusia pasó de ser un imperio agrícola medieval a ser un país industrial y comunista. Como en el caso de Francia en 1789, después de 1917 nada en Rusia volvió a ser igual.

En 1919 explotó una revuelta nacionalista dentro de los escombros del Imperio turco, que en 1923 se había convertido en la moderna República turca. En cuatro años se logró derrocar a un Imperio musulmán de seis siglos de existencia y transformarlo en una república laica de inspiración occidental. En manos de Mustafá Kemal "Atatürk". En 1923 la historia de Turquía cambió para siempre, y nada desde entonces volvió a ser igual.

En octubre de 1949 las tropas de Mao Tse Tung tomaron la Plaza de la Puerta del Cielo en China; el país vivía convulsionado desde el primer intento revolucionario en 1911; finalmente, tras el triunfo de Mao, dejó de existir el imperio más antiguo que aún existía y surgió un débil país comunista que, tras una serie de reformas, en manos de Deng Xiaoping, en 1979, se convirtió en la nueva potencia del siglo XXI. De imperio decadente a nueva potencia, ese fue el cambio radical de la historia china. A partir de 1949 nada en ese país volvió a ser igual.

En enero de 1979 huyó de Irán hacia Egipto el sha Mohammad Reza Pahlavi, y en marzo de ese mismo año el ayatola Jomeini proclamó la República islámica de Irán. En dos meses una monarquía de tipo persa, pro occidental y aliada de Estados Unidos, se convirtió en una república religiosa islámica, y gran enemigo estadounidense en la región. Irán y el mundo entero cambiaron con ese acontecimiento. Nada después de 1979 volvió a ser como antes.

En octubre de 1910 México era gobernado por una élite aristocrática, con una democracia fingida y un modelo económico capitalista liberal. En noviembre de ese mismo año un aristócrata se levantó en armas y finalmente llegó al poder menos de un año después de que comenzara su revuelta. Fue así como la aristocracia capitalista y liberal de Porfirio Díaz fue sustituida por la aristocracia capitalista y liberal de Madero, con un gobierno y un ejército lleno de porfiristas.

En 1913 un militar porfirista, Victoriano Huerta, dio un golpe de Estado y tomó el poder; la aristocracia se mantenía en los puestos clave y la economía seguía el mismo rumbo. Huerta fue derrotado en 1914 por el aristócrata legislador coahuilense del Porfiriato, Venustiano Carranza, quien finalmente fue asesinado por órdenes de un terrateniente hacendado, descendiente de la nobleza española, y cuya familia hizo su fortuna gracias al Porfiriato: Álvaro Obregón.

Corría el año 1920 y el rumbo del país era el mismo que 10 años atrás, pero con tres millones de pérdidas humanas entre muertos y desplazados. Después de 1920 todo en México era igual que antes de 1910, pero con muchos muertos.

En 1924 heredó el poder Plutarco Elías Calles, y en 1928, el gran abanderado de una revolución contra la reelección, Álvaro Obregón, se reeligió. Pero Obregón no pudo tomar el poder por segunda ocasión, ya que fue asesinado, según se dice, por órdenes de su pupilo, compañero de armas y amigo, Plutarco Elías Calles, quien en 1929 fundó un partido revolucionario que monopolizó el poder y la política del país. En ese momento, la dictadura de 35 años de Porfirio Díaz fue sustituida por una dictadura de partido que se prolongó por 71 años... Desde luego, al mismo estilo del Porfiriato, fingiendo una democracia. Era 1929 y todo en México seguía igual.

Pasaron las décadas. La revolución, símbolo de cambio, se institucionalizó, lo cual es símbolo de quietismo. México se revolucionó y se revolvió, se convulsionó y se autodestruyó, pero definitivamente no cambió, y como 20 años de matanzas sanguinarias, y tres millones de víctimas, con el único objetivo de tomar el poder, parece toda una barbarie, el partido inventó un pretexto ideológico: una supuesta revolución que se luchó por la justicia social y contra un régimen terrible.

Más de 100 años después, a juzgar por la realidad del país, es evidente que esa revolución no ha dado frutos... o que tal vez nunca hubo realmente una revolución, una verdadera revolución. Hoy se habla mucho de la necesidad de otra, pero el mexicano sólo piensa en las armas, en la violencia, en derrocar a un tirano, en proclamar a un mesías. Nunca se habla de una revolución de ideas.

LA HERENCIA DEL DINOSAURIO:
UNA RELACIÓN DE CODEPENDENCIA
ENTRE MÉXICO Y EL PRI

México y el mexicano son una construcción ideológica hecha por un partido que supo organizar y encauzar una guerra civil y convertirla en una revolución. México y el mexicano, si entendemos México como una estructura política, social y económica, y al mexicano como una mente que contiene ideas, cultura, identidad, mitos y traumas, son una creación del PRI. Bien lo dijo Octavio Paz: "Nadie puede entender a México si omite al PRI".

El partido, desde antes de ser el PRI, creó esa revolución en la mente de los mexicanos, la hizo social, le dio sentido, valores y principios, inventados todos ellos sobre la marcha o mucho después. Creó una ideología, hizo instituciones con base en la llamada revolución y nos hizo revolucionarios, es decir, encauzó políticamente nuestra proclividad al caos y la violencia. El partido dijo dotarnos de instituciones, pero sólo nos dieron un caudillismo más refinado y sutil que es la fuente de su poder y de la relación de codependencia entre un pueblo y un partido.

El pueblo mexicano tiene una relación muy neurótica con el PRI, una enfermiza codependencia, una obsesión y una adicción. Decimos odiar al PRI y sus modos dictatoriales, pero en el fondo queremos al gran patriarca presidencial que resuelva todo rápido y por decreto. Culpamos al partido de la revolución de todas nuestras desgracias, pero nos aferramos a la contradictoria identidad nacional que ahí se construyó; lo despreciamos al mismo tiempo que lo consideramos un mal necesario; renegamos de él, pero veneramos la revolución que ellos inventaron, la revolución ideológica, la del discurso, la de los murales... la que nunca existió.

LAS OPCIONES MEXICANAS: REPRESIÓN O VIOLENCIA

México nació en guerra y nunca ha entendido otra forma de orden que no sea la violencia o la represión. No es agradable aceptarlo, pero toda nuestra historia lo demuestra. El incendio del país comenzó en 1810 y se prolongó hasta 1821, cuando celebramos la independencia y acto seguido volvimos a la guerra entre nosotros; por definir si éramos república o imperio, centralistas o federalistas, conservadores o liberales. La guerra entre nosotros permitió invasiones e intervenciones y se extendió hasta la llegada de Porfirio Díaz en 1876, quien usó la represión para acabar con la violencia.

Tras décadas de paz impuesta, en 1910 volvió la guerra, desde el derrocamiento de don Porfirio y hasta que Plutarco Elías Calles fundó el Partido Nacional Revolucionario, en 1929. Nuevamente el conflicto fue la constante: dos décadas de guerra por ver quién se quedaba con el poder. Terminó la guerra, pero no los asesinatos ni los disparos; se vivió la Guerra Cristera, el asesinato de Obregón tras su obsesión de eternizarse en el poder... y la eternización en el poder de Calles, después de que ordenó el asesinato de Obregón.

En 1934 tomó el poder Lázaro Cárdenas y comenzó a tejer la complicada telaraña de compadrazgos, contactos, corporaciones y sistema de voto masivo acarreado que padecemos hasta hoy... otra herencia de la revolución.

Las personas dejaron de eternizarse en el poder para dejar esa labor a un partido. A partir de entonces surgió en México nuevamente un sistema autoritario, una dictadura de partido en vez de una dictadura personal, pero a fin de cuentas dictadura. Porfirio Díaz pacificó México gracias a la represión... Y así lo hizo el partido de la revolución. Ninguno buscó la paz a través de la evolución de la sociedad, pues dicha evolución les arrebataría el control.

Desde 1929 hasta 1989 el partido de la revolución, en sus tres distintas variantes (PNR, PRM, PRI), ocupó todos los puestos de elección popular que existieran en nuestro país, con la excepción de algún efímero municipio panista. Los partidos de oposición sólo servían como válvulas de escape al exceso de presión que estaba ejerciendo el sistema. Es hasta la época de Luis Donaldo Colosio como presidente del PRI cuando el partido hegemónico reconoce la pérdida de una gubernatura (Baja California).

La alternancia, que no la democracia, llegó en el año 2000, y no por voluntad del PRI, sino porque la situación era insostenible. Cosas curiosas; para el pueblo, Ernesto Zedillo se vistió de héroe por hacer algo que en cualquier país civilizado es normal: aceptar la derrota y proclamar vencedor al que obtuvo más votos. Y, sin embargo, en su propio partido quedó como el gran traidor, precisamente por no esperar a que la estructura pudiese orquestar un fraude o volver a tirar y callar el sistema.

El abuelo del pri

El 17 de julio de 1928 un asesino solitario, José León Toral, se despertó con el humor de matar al presidente electo Álvaro Obregón, o eso dice la versión oficial; con lo que Calles se perpetuó en el poder a través de títeres los seis años que correspondían al presidente electo asesinado, y en 1929, con la intención de terminar con la revolución, o monopolizarla, decidió crear el Partido Nacional Revolucionario (pnr).

Calles crea el sistema pensando en la forma de acabar con las luchas internas a través del reparto de posiciones entre los caudillos revolucionarios. La idea básica es muy simple: hay que terminar con los balazos, pues el pastel es tan grande que alcanza para todos, siempre y cuando todos se alineen y le entren al partido.

Plutarco decide convocar a todos los caciques, líderes, bandoleros, matones y demás elementos que siguieran en armas a formar el Partido Nacional Revolucionario (pnr) al que define como un partido que logra unificar a todos los caudillos de la revolución en una gran familia: la "Familia Revolucionaria".

A pesar de que se pretende ir contra el caudillismo y crear instituciones, la gran institución que se crea es el presidencialismo, un esquema en el que todo lo que pase en el país es responsabilidad del jefe máximo, el presidente: el máximo y gran caudillo. No cambiamos a los caudillos por instituciones como dice la sep desde entonces, sino que institucionalizamos el caudillismo. Por eso los caudillos siguen haciendo tambalear a las instituciones.

El partido pretendía monopolizar toda actividad política, toda tendencia revolucionaria, toda disensión y todo movimiento social… justamente como pasaba en el Porfiriato. Democracia sin competencia, elección sin alternancia, el acto del voto como sucedáneo de la verdadera democracia. Una democracia donde el *demos* no tiene poder, a menos que esté afiliado al partido.

El papá del pri

Nuestra narrativa histórica, tan diluida para no decir nada en realidad, nos cuenta que la evolución del PRI fueron simples cambios de nombre. Es decir, que el PNR que fundó Calles en 1929 cambió su nombre por PRM en tiempos de Cárdenas y luego finalmente por PRI, pero esto es muy incierto. Cárdenas no cambió el nombre al partido; él destruyó el partido y creó otro con una estructura completamente distinta, una estructura mucho más rígida, cerrada y compleja que permitía mantener más el control.

El PNR de Calles era un partido donde cabían todos los partidos; desde los comunistas de izquierda hasta los radicales católicos de derecha, todos tenían lugar. Todos los partidos aglutinados en uno solo, de modo que la guerra fuera política y no armada. Toda discusión y disensión sólo era permitida en el interior del partido, para después mostrar un rostro de unidad.

Cárdenas eliminó la pluralidad, la discusión y la disensión y estableció una línea ideológica que era la única permitida. El partido de partidos que era el PNR se convirtió

151

en un partido de sectores, donde todos los obreros, los campesinos, los burócratas y los militares, las únicas cuatro posibilidades socioeconómicas según Cárdenas, eran parte de una corporación del partido que era dueño del Estado.

Un modelo de partido más acorde a las tendencias de moda en Europa en esa segunda mitad de los años treinta: el socialismo nacionalista, básicamente la versión izquierda del nacional socialismo, o como quien dice, un estalinismo un poco rebajado. La clase media y el empresariado pequeño o mediano, la burguesía, no deben integrarse al partido, sino ser eliminados de manera gradual. El verdadero estilo soviético del sistema lo impuso el general Cárdenas, inspirado por su gran ideólogo y amigo Francisco Múgica.

Un sistema donde políticos y militares son la clase alta y el resto es ese gran conglomerado conocido como "el pueblo". El partido-gobierno-Estado comienza a apropiarse de todos los medios de producción a través de la nacionalización y del discurso nacionalista; todo ello con un discurso de justicia social que en realidad permite que el partido tenga control de toda actividad económica, con lo cual la única clase que podría ser libre, la clase media, el empresario, el capitalista, el inversionista, el burgués, esté siempre sometida por el gobierno. Así se evitan nuevas revoluciones, así se evita el desarrollo de un sector de la sociedad que podría luchar por el poder.

Para canalizar el descontento social, Cárdenas necesitó válvulas de escape, por lo que, por un lado, permite y favorece que la burguesía a la que pretende eliminar (o controlar) se agrupe, y forme el Partido Acción Nacional (PAN), que viene siendo, por lo tanto, otro hijo de la revolución, y apoyó también y legalizó al Partido Comunista Mexicano, al que mantuvo con el presupuesto público y hasta le dio coba encargando a sus muralistas que pintaran la versión oficial de la revolución en los muros del país. Ahí comenzó el sometimiento ideológico del mexicano.

El origen del dinosaurio

Cárdenas creó un sistema políticamente perfecto para dominar, controlar, someter y adoctrinar, pero fue un fracaso económico a largo plazo. Veamos de nuevo los frutos: un pueblo sin educación, una estructura de poder inamovible, un país corporativo de gremios, sindicatos que ponen en jaque al Estado, una economía estancada y un pueblo acostumbrado a recibir todo gratis, falsos mitos de soberanía basados en recursos naturales, un país alejado del proyecto modernizador, liberal y capitalista, un pueblo anclado al pasado y con crisis de identidad, una historia basada en mitos. Eso fue el México del siglo XX… que no ha cambiado en el XXI.

El pueblo comenzó a ser "educado" con los principios de la revolución, y ahora por eso la llevamos en la sangre, es religión y, por lo tanto, sacrosanta e incuestionable. El partido de la revolución programó al pueblo para necesitar al partido, planeó la economía para depender del partido, organizó la política para girar en torno del partido, y estructuró la vida social con base en los intereses del partido.

Como toda pandilla de revolucionarios, hicieron una ideología que glorifica la revolución, enseñaron a la gente a venerar la revolución, inculcaron mitos, traumas y visiones históricas que justifican al partido y a la revolución; nos hicieron niños inmaduros y se convirtieron en el padre conservador que no deja madurar a sus hijos para no perder el control sobre ellos.

Veamos los frutos del sistema educativo revolucionario: 60% de la población "educada" carece de habilidades matemáticas básicas, 46% no tiene competencias lectoras, 70% no tiene capacidad de abstracción y solución de problemas simples, la educación pública tiene como premisa pasar a los alumnos, las escuelas son en realidad guarderías, el mexicano promedio vive con 250 palabras toda su vida, los maestros quieren heredar sus puestos, sin importar su capacitación, y lo más grave de todo: es cierto que 92% del pueblo sabe leer... pero no lee, y además no comprende lo leído. Eso es el México de la revolución.

No funciona la democracia en México, porque el régimen emanado de la revolución nunca la buscó, porque nadie llega al poder con la intención de dejarlo; pero, sobre todo, porque aún no existe el gobierno que tenga un proyecto de unidad y mucho menos que incluya una revolución educativa.

En un pueblo que aunque sepa leer no lee, y cuando lee no entiende lo leído, en un pueblo sin capacidades de abstracción, en un pueblo con decenas de millones en la miseria, en un pueblo por el que sigue sin pasar la Ilustración, la democracia es, y seguirá siendo, un eterno mito, y el PRI seguirá siendo, por lo menos en la mente del pueblo, una necesidad.

A través del dominio total de la educación, México en realidad fue adoctrinado. Una sola versión de la historia, de la vida, de la sociedad y de la política, con una torcida idiosincrasia llena de mitos que nos atan al pasado.

Conquistados, derrotados, abandonados por los dioses,

pero acogidos por una madre celestial traída por la religión del conquistador. Contradictorio, aferrado al pasado, lamentando eternamente la conquista y repudiando al español en español. El mexicano es el contrasentido total, una madeja de confusiones, un amasijo de ideas torcidas y de historias fantasiosas; una víctima de su pasado, convencido de que merece más de lo que tiene, pero empecinado en destruir su destino y seguir en la eterna búsqueda de culpables. Sueña eternamente con un país mejor... pero sigue construyendo sobre viejos mitos, y con el mismo viejo PRI.

PETRÓLEO:
EL MITO OSCURO DEL RÉGIMEN

El nacionalismo, ese recurso ideológico del siglo XIX europeo, ha sido durante un siglo la herramienta fundamental para engañar al pueblo mexicano (como a todos los pueblos); tan poco educado para reflexionar, que puede vivir del discurso teórico, por más que éste se contradiga con la realidad.

Es así como renegamos de nuestra hispanidad en español, veneramos a la virgencita al tiempo que repudiamos la conquista, odiamos al PRI mientras idolatramos la revolución que le dio origen y pensamos que el petróleo es de todos, aunque sea evidente la mafia estatal sindical que en realidad lo posee como si fuera su propiedad privada.

"Veinte mil millones de pesos mexicanos se han dilapidado de la industria petrolera. Cuánto más podría haberse hecho con semejante suma en beneficio del país. Estigma para los mexicanos que han defraudado a la nación, como lo hicieran las compañías extranjeras robando nuestro petróleo." Esto lo dijo nada más y nada menos que Lázaro Cárdenas, el hombre que nacionalizó el petróleo en 1938, y que para 1970 ya criticaba los abusos derivados de esa expropiación.

157

Tres décadas después de la nacionalización, el propio Cárdenas reconoce sus vicios y sus excesos y tiene muy claro que ese petróleo jamás fue de todos los mexicanos, ni siquiera del gobierno, sino de la mafia que surgió en torno de nuestro oro negro. Porque eso es lo que el hidrocarburo genera en todo el mundo, además de millones de dólares en ganancias y guerras para obtener dichas ganancias: mafias terribles, y México, tan propenso a las mafias políticas, no podía ser la excepción.

Pero Cárdenas había echado a andar un tren que ya era imposible parar, pues el petróleo era el sostén económico del régimen y la columna vertebral del discurso nacionalista iniciado por él, un nacionalismo que partía del mito de que sólo los extranjeros podían dañar nuestra nación… Los pocos mexicanos dueños del petróleo desde 1938 se han dedicado desde entonces a demostrar lo contrario.

En México todo está ahogado en nacionalismo; es el néctar que embriaga al pueblo. Tratamos de entender a México de forma nacionalista, esto es, sin voltear a ver el resto del mundo, como si fuésemos una isla. El mundo se mueve y México se mira el ombligo como si ahí estuvieran las respuestas.

Detrás de la expropiación

México siempre fue ambicionado por sus recursos. Por esa razón España se negaba a reconocer la independencia, y por esa misma razón ingleses, franceses y estadounidenses trataron de intervenir política o económicamente en el país a lo largo del siglo xix… Y aún no descubríamos el petróleo.

México se hizo petrolero en el Porfiriato; primero refinando petróleo estadounidense, luego explotando el propio. Todo esto con capital y tecnología extranjera por algo simple: no había en ese México capital ni tecnología propia. Fue así como empresas inglesas, holandesas y estadounidenses fueron las primeras petroleras "mexicanas".

En aquel tiempo el mundo era movido por madera y carbón, pero el poder del petróleo era cada vez más evidente, y más necesario para acelerar la industrialización, y por añadidura las guerras. El periodo de 1920 a 1937 fue de gran producción petrolera… El mundo salía de una guerra basada en petróleo, y se preparaba para otra.

En esa época, bajo control de empresas anglo-holandesas, México era el segundo productor mundial, puesto que jamás hemos vuelto a ocupar, y del que nos alejamos año tras año, desde que el petróleo es "nuestro". Con la expropiación, México dejó de ser productivo, perdió inversión y tecnología, comenzó a dejar de ser una reserva importante, y, lo más importante, dejó de ser el competidor que era para Estados Unidos, país del que pasamos a ser cliente y que además se sacudió la competencia de Holanda e Inglaterra y aseguró el dominio tecnológico y económico sobre el petróleo de todos los mexicanos.

El discurso habla de la nación como dueña del petróleo; la realidad nos muestra a mafias de sindicatos y políticos beneficiándose en exclusiva de lo que canturrean que es de todos los mexicanos. Así pues, unos pocos se benefician y lo único que siempre ha sido de todos los mexicanos han sido las deudas derivadas de los abusos y los excesos.

De propiedad de la Corona, los recursos de la nación pasaron a ser propiedad del Estado…. Pero nunca propiedad de individuos libres que puedan generar su propia riqueza y sacudirse la tutela de un gobierno que usa el paternalismo como herramienta de control. Todos inútiles, todos controlables.

En 1926, a pesar de la revolución, o gracias a que ésta había dejado indemne la estructura porfirista, México era el segundo productor mundial, después de Estados Unidos. De 1926 a 1937 se duplicó la producción de petróleo a nivel mundial, es decir, en el periodo después de la Primera Guerra Mundial, en medio de la reconstrucción, y con otra guerra que ya era evidente en el horizonte, y que sería luchada con y por petróleo.

Con esa perspectiva, el gobierno comenzó a ver el petróleo como un botín que podría mantener la dictadura revolucionaria que sustituyó a la dictadura porfirista. Pero además, guste o no, se acepte o no, para bien o para mal, y desde luego por culpa de nosotros mismos, desde que dejamos de depender de España siempre hemos dependido de Estados Unidos. Y es absurdo pensar que, en 1938, con la guerra encima y con los alemanes ambicionando nuestros hidrocarburos, Cárdenas pudiese tomar decisiones petroleras sin consultarlo con los del norte.

El fraude petrolero

José Vasconcelos, nuestro querido nazi, deja claro en su libro *La flama* que el secretario de Industria y Comercio del cardenismo, Rafael Zubarán, llevó el decreto expropiatorio a Estados Unidos para ponerlo a consideración, antes de poder llevar a cabo la expropiación. De ahí que nadie, ni el propio gobierno mexicano, haya resultado tan beneficiado de la expropiación como los empresarios estadounidenses.

Miguel Alemán Valdés, en su texto, *La verdad del petróleo en México*, también deja claro que el gobierno estadounidense fue quien promovió las negociaciones entre los *trusts* petroleros y el gobierno mexicano.

Tras la expropiación, México dejó de ser competidor de Estados Unidos en temas de petróleo y lentamente pasó de exportador a importador, y a vivir en tal marasmo tecnológico que la dependencia científica, y por tanto económica y política, de México hacia Estados Unidos creció cada vez más. La expropiación del petróleo fue un nacionalismo revanchista que, como todo nacionalismo, no dejó nada bueno al pueblo.

Pero sí hubo una parte del pueblo, una muy pequeña, que se benefició. Tras la expropiación, fue el sindicato quien poco a poco adquirió el control del petróleo y se convirtió en una mafia del mismo nivel que cualquier otro cártel petrolero a nivel mundial.

En 1940, apenas a dos años de la expropiación, el propio Cárdenas ya se lamentaba de la avaricia del sindicato, por encima de la de las empresas extranjeras, avaricia sin límites, pues la empresa era propiedad del Estado, y al no ser una empresa privada la productividad dejó de ser una meta.

Cárdenas les pedía suprimir puestos innecesarios, revisar y corregir salarios, reducir plazas, capacitarse, aumentar su productividad, suprimir gastos excesivos y evitar que las prestaciones del contrato colectivo superaran las de antes de la expropiación. Nada de eso ocurrió.

En 1938, año de la expropiación, había 18 000 trabajadores petroleros; en 1940 ya eran 22 000, y la producción había descendido. En 1927 la producción era de 64 millones de barriles al año, con una planta de 12 000 trabajadores; en 1947, ya propiedad del Estado, 19 000 trabajadores extraían sólo 57 millones de barriles. Podemos tapar el sol de la realidad con el dedo del nacionalismo, pero México nunca necesitó "al extranjero" para desfalcar al pueblo y al Estado con el tema del petróleo.

Y hay que decir que la expropiación no significó dejar de tener contratos con empresas extranjeras; de hecho, hubiera sido imposible operar sin ellas. En 1946 se le otorgó al sindicato 2% del valor de los contratos entre Pemex y compañías privadas; con esas nuevas ganancias, obtenidas por un grupo de poder, con el petróleo de todos, los trabajadores sindicalizados comenzaron a convertirse en empresarios que brindaban servicios a Pemex. Hasta la fecha el sindicato posee compañías perforadoras, buques tanque, aviones, etcétera.

Además de eso, y desde entonces hasta hoy, Pemex le da a sus trabajadores hoteles, centros vacacionales, centros de espectáculos, gimnasios, clínicas y doctores, coche, gasolina incluida... todo con dinero del petróleo, que es de todos los mexicanos, pero cuya gran derrama se queda en el sindicato, que tiene bienes por más de mil millones de dólares que no comparten con todos los mexicanos.

Pemex se ha hundido en la corrupción por ser propiedad del Estado y la propuesta de algunos para acabar con la corrupción es... que siga siendo propiedad exclusiva del Estado. Es decir, pretenden que van a cambiar los efectos sin cambiar las causas... o pretenden ser los nuevos beneficiarios de esa corrupción, que incluye el alquiler y la venta de plazas, es decir, que para trabajar en la empresa estatal que administra la riqueza de todos los mexicanos, hay que pagarle al sindicato.

Decía el Nobel de Economía, Milton Friedman, que si a un gobierno le dan a administrar el desierto del Sahara en cinco años habrá escasez de arena. Parece exagerado, pero el gobierno mexicano demostró que es cierto. En 1938 tomó la administración del petróleo de un país que llegó a ser la principal fuente mundial, y a los pocos años ya se anunciaba la escasez.

¿Por qué comenzó a escasear un bien tan abundante? Simple: porque no sabíamos cómo sacarlo, no sabíamos usar los fierros expropiados, y no había el menor interés en la productividad. Había interés en aquello en lo que Pemex se especializó: corrupción sindical, corrupción del Estado, robo de material y gasolina, aviadores, contratos fraudulentos y demás actividades que merman toda utilidad.

Pero como la empresa es del Estado, y es el estandarte nacionalista, hay que ocultar su lado oscuro y putrefacto: ahogada en deudas, en 1958 Pemex recibió la noticia de que el gobierno (es decir ellos mismos) le condonaba 200 millones de pesos en impuestos… En 1973 la condonación tuvo que ser de 3 000 millones.

Pero el mayor fraude de Pemex es mucho más simple: la empresa no era productiva porque no lo buscaba; no le interesaba la productividad. De hecho resultaba más conveniente para el sindicato, verdadero y único dueño, precisamente el no ser productivos. Ventajas de ser mantenidos por el Estado, ahora sí, por todos los mexicanos.

Entre 1938 y 1973 el verdadero negocio petrolero de Pemex era no extraer petróleo. Las operaciones de la empresa se concentraban en todos los contratos a empresas extranjeras que significaban millones y millones en comisiones, o en contratos con las empresas propiedad de los trabajadores, que dejaban bonos a unos, comisiones a otros y sobrecostos para todos.

Era tal la corrupción de Pemex, y estaba tan bajo el costo del barril de petróleo, que simplemente no costeaba sacarlo de la tierra. Era más barato importarlo desde Estados Unidos... a través de operaciones que también dejaban su derrama de corrupción.

En 1973 nuestra industria petrolera, derivado de la expropiación y sus excesos, estaba descapitalizada, con tecnología arcaica y con una creciente necesidad de importar. Teníamos una empresa petrolera quebrada, proeza que sólo México logra... Y una vez más nos salvó la suerte, el azar, y los acontecimientos en ese mundo del que pretendemos no ser parte.

En 1973 los países árabes declararon un embargo petrolero a Estados Unidos y aliados y eso elevó considerablemente el precio del petróleo, con lo que Pemex tendría cómo capitalizarse, y, más importante aún, el nuevo nivel de precios hizo que, con todo y corrupción, ya fuera rentable sacar el petróleo de nuestros pozos.

En 1974 el barril de petróleo pasó de 2.5 dólares a casi 12, un alza de más de 300%... Y México se benefició de las circunstancias, del azar, del mundo y sus giros, pero no de la planeación. Con los nuevos precios tan elevados, Pemex y el Estado ya no se podían dar el lujo de importar... La necesidad nos empujó a tener que ser más eficientes y obtener más petróleo de nuestro subsuelo. Ante la crisis, los trabajadores petroleros no tuvieron otra opción que ser productivos.

"Casualmente", justo cuando hacía falta, hubo nuevos y grandes descubrimientos de yacimientos. Pozos que ya habían sido localizados desde antes, pero que Pemex y el sindicato nunca habían tomado en cuenta, sea por negligencia, por costos elevados o por falta de la tecnología mexicana necesaria para explotarlos... En realidad, con tanta corrupción, tantas regalías, tantas comisiones, sobrecostos a casi todo, salía más barato importar petróleo que explotar el nuestro.

RIQUEZA: ¿ADMINISTRARLA O GENERARLA?

En la década de los setenta los mexicanos nos enteramos de que el país nadaba en petróleo. Gracias a la suerte éramos ricos. El presidente José López Portillo nos lanzó uno de los vaticinios que con el tiempo más se convirtieron en burla: el reto del futuro era aprender a administrar la riqueza y la abundancia. Y nos pasó como a cualquier rico heredero: la riqueza regalada no es apreciada o administrada por nadie, sólo es dilapidada. La única forma de aprender a administrar la riqueza era generarla con trabajo y esfuerzo.

Pero los nuevos energéticos no los dará la geografía, sino el cerebro. Los recursos energéticos de hoy, como el petróleo, dependen de la suerte geográfica; mientras que los del futuro dependen de la ciencia, la tecnología, el conocimiento, las ideas y la creatividad.

Todo lo anterior está al alcance de los que sepan darse cuenta de esa realidad y saquen ventajas, a través de la inversión en esos rubros; en vez de aferrarse a ideologías decimonónicas y nacionalismos anacrónicos que sustentan toda la soberanía de un país en un recurso sucio, destructivo, no renovable, en vías de extinción, y que nos fue otorgado por la suerte y no por el talento y la capacidad.

Pero en México no estamos listos para ese futuro, porque el proyecto "educativo" emanado de la "revolución" se diseñó con miras al adoctrinamiento; más aún cuando Cárdenas manoseó la Constitución y cambió el término *laica*, por *socialista*, en lo referente a la educación. Los mexicanos comenzaron a aprender a recibir todo del papá Estado, y a ver como justo, lógico y normal que fue éste, y no los individuos, supuestamente libres, quien poseyera las riquezas.

Por encima de un proyecto liberal, económico, científico, educativo y modernizador para México, el régimen emanado de nuestra masacre revolucionaria siempre tuvo como primer objetivo el control político-social: generar un pueblo que viva del discurso sin ser capaz de ver la realidad.

A esa manipulación de masas le llamaron *nacionalismo revolucionario*, que se impuso en las aulas como religión: de manera dogmática y sin análisis, a través de la historia oficial, en libros de texto gratuitos, con maestros entonces controlados por el gobierno, y con muralistas comunistas que plasmaron una versión muy soviética de la "revolución" mexicana. Así aprendimos que todo rico lo es por ser un miserable ladrón y que repartir la riqueza generada por otros se llama justicia social. Aprendimos a no ser productivos.

Como toda religión, el nacionalismo necesita sus mitos y el mito fundamental del régimen revolucionario fue el petróleo, un tema sobre el que quedó prohibido y estigmatizado hacer análisis, a riesgo de ser tachado de antipatriota. Gracias a la ceguera que produce el nacionalismo, los nuevos dueños del petróleo pudieron enriquecerse con él mientras el pueblo memorizaba que era suyo, aunque nunca lo hubiera visto ni recibiera beneficios reales de él.

MITO Y FRAUDE SINDICAL
EN MÉXICO

Los sindicatos fueron en general una gran idea; en México fueron un gran fraude. Hoy son parte de una estructura de acarreo masivo de votos, una herramienta de control social y un garante de que los de abajo se queden abajo... Pero si en México torcimos la historia, ¿por qué no habríamos de torcer los sindicatos?

Para comprender lo anterior es importante saber qué son los sindicatos de verdad, cuál es su objetivo, cómo surgieron y, ante todo, para qué sirven. El movimiento sindicalista comenzó en el siglo XIX, y su historia va de la mano de la historia de la revolución industrial y la urbanización de las grandes potencias europeas.

La revolución industrial, comenzada en Inglaterra, no fue otra cosa que descubrir nuevos energéticos, como el vapor, y más adelante la electricidad y el petróleo. Estos nuevos combustibles permitieron desarrollar tecnologías y maquinarias antes impensables... Y así, un mundo europeo que para el siglo XVIII seguía siendo predominantemente agrícola, se fue haciendo industrial.

Los burgueses se convirtieron en capitalistas, surgieron grandes empresas y corporaciones y comenzó a generarse más riqueza que nunca en la historia. Pero finalmente toda esta producción de riqueza se basaba en los obreros, el proletariado, aquellos que no tenían más capital que su mano de obra, su fuerza laboral. En el siglo XIX crecieron las grandes ciudades y comenzó el fenómeno de la migración de los campos a las grandes urbes en busca de oportunidades laborales en el mundo de la industria.

La revolución industrial, junto al capitalismo liberal, generó riqueza inimaginable… en muy pocas manos, y miseria generalizada entre la clase productora de dicha riqueza: el obrero. Además, el trabajador era visto como un recurso más, y como tal estaba sometido a la ley de la oferta y la demanda; es decir, que si hay más gente ofreciendo su trabajo que empleos disponibles, el precio del trabajador, mejor conocido como salario, baja cada vez más.

Los obreros vivían en condiciones infrahumanas y no tenían forma de defenderse, ya que su trabajo dependía de los grandes capitalistas, y los gobiernos eran sus aliados. Así se comenzó a generar la gran riqueza europea.

Si un trabajador sufría abusos del tipo que sea, no podía hacer nada. Un patrón podía despedir sin explicaciones a un trabajador; las jornadas laborales eran extenuantes, y la paga, miserable. Un trabajador nada podía hacer ante el patrón. Pero las ideas socialistas que recorrían Europa le enseñaron al obrero su verdadero poder; si ellos eran la base de la riqueza, ellos podían tener el mando, pero para eso tenían que unirse. Un empleador podía abusar como quisiera de un solo trabajador, pero no podía más que negociar y ceder ante la unión de trabajadores.

Eso es básicamente un sindicato, una unión de trabajadores, sea de los que laboran en una rama de la industria de un país, o la unión de los que trabajan en una empresa en específico. La idea fundamental del sindicato es tener poder a través de la unión, y poder defender derechos de los trabajadores ante los abusos de los empresarios... Visto así, nadie con la elemental idea de justicia social podría estar en contra de los sindicatos... que como toda construcción humana, se corrompen.

Pero veamos un poco de historia. Desde inicios del siglo XIX los obreros de los países en vías de industrialización, básicamente Europa y Estados Unidos, comenzaron a organizarse para la defensa de sus intereses y para exigir mayores derechos y mejores condiciones de trabajo. Esto fue visto como un peligro para el desarrollo económico, a tal grado que, durante años, ese tipo de agrupamientos estuvieron prohibidos.

Un antecedente vital del movimiento sindicalista a nivel mundial fue la Asociación de Trabajadores de Inglaterra, que en 1836 elaboró un documento llamado *Carta del Pueblo*, en el que exigía algo que hoy nos parece común: el voto universal y secreto. Pero probablemente el mayor impulso que recibió el sindicalismo, las ideas socialistas y los movimientos obreros fue un pequeño libelo político publicado en 1848 y que hoy conocemos como *Manifiesto del Partido Comunista*, de Marx y Engels.

El inicio de este pequeño libro es conocido a nivel mundial: "Un fantasma recorre Europa, el fantasma del comunismo. Todas las fuerzas de la vieja Europa se han unido en santa cruzada para acosar a este fantasma..." Marx y Engels tenían razón en una cosa en específico: todas las fuerzas de la antigua Europa, es decir, la Iglesia, las monarquías y la burguesía, se unieron contra los movimientos obreros... ya que finalmente darles derechos y condiciones más justas a los trabajadores significaba menos ganancia para los capitalistas.

En 1848 hubo movimientos sociales y proletarios por toda Europa, muchos de los cuales se transformaron en revoluciones y muchos de ellos obtuvieron derechos laborales. A partir de entonces el proletariado entendió su fuerza como clase social y para 1850 por toda Europa y Estados Unidos surgieron sindicatos. A finales de siglo eran legales en casi todos los países y algunos movimientos obreros incluso se transformaron en partidos políticos para luchar por los derechos laborales desde los parlamentos.

Los objetivos se cumplieron. En diversos países los obreros obtuvieron jornadas reducidas, mejores salarios, reparto de utilidades, días de descanso semanales, vacaciones, seguridad social y una serie de derechos que no existían a principios del siglo XIX. Las cosas no volverían a ser iguales: los patrones estaban obligados a negociar con sus obreros que, juntos, tenían poder.

En resumen, y para no hacer el cuento largo, y entender por qué en México torcimos los sindicatos, digamos que un sindicato es la unión de los trabajadores, de una empresa o de una rama de la industria, para protegerse de abusos laborales, luchar por mejores condiciones de vida y, en términos generales, defenderse de los abusos de los patrones. Nadie puede estar en contra de eso.

¿Pero qué pasó en México en tiempos de Lázaro Cárdenas? Bueno, el general Cárdenas comenzó un proceso de estatización de las empresas, es decir, se las quitó a los particulares y las hizo propiedad del Estado, dirigidas por el gobierno. Bajo el gobierno cardenista muchísimas empresas pasaron a ser propiedad del Estado; lo más simbólico, desde luego, es el caso de las empresas petroleras.

Al mismo tiempo, el gobierno de Cárdenas promovió la creación de sindicatos, movimientos obreros y agrupaciones campesinas… Todos estos grupos fueron incorporados al partido de la revolución, que bajo el régimen cardenista dividió al partido, único foro de representación política, en sector obrero, campesino, burócrata y militar. La burguesía, es decir, el inversionista capitalista, en palabras de Cárdenas, debía ser eliminado paulatinamente hasta que todas las empresas, todos los medios de producción, fueran del gobierno.

Aquí está el fraude sindical de Cárdenas, que se hizo magno en tiempos de Echeverría, quien se presentó como un nuevo Cárdenas y puso casi todo bajo propiedad del gobierno: todos los movimientos obreros y sindicatos fueron alentados por el gobierno con la idea de proteger al trabajador de los patrones… sólo que, a causa de la estatización, ¡el patrón también era el gobierno! No es difícil ver la trampa ahí.

En muchos lugares del mundo los sindicatos surgieron por iniciativa de los trabajadores en contra de los patrones; en México fueron creados por el gobierno cardenista para defender a los trabajadores de los patrones, que era el mismo gobierno cardenista… Con lo cual en realidad los sindicatos en México no se convirtieron en agrupaciones que lucharan por el bienestar del trabajador, sino en células del partido de la revolución, cuyos líderes recibían dádivas a cambio de mantener controlado a su gremio.

En pocas palabras, el sindicalismo mexicano fastidió al trabajador antes que ayudarlo y lo convirtió en capital político de un partido dictatorial que necesitaba el acarreo masivo de votos y la movilización de masas, para fingir la democracia por la que nos dicen que se luchó la revolución. Un siglo después muy poco ha cambiado, sólo que en el siglo XXI el PRI perdió el control total sobre los sindicatos y son varios los partidos que tratan de hacerse de ese capital político.

EL MITO MALINCHISTA

Ser malinchista o ser nacionalista. Gustar o no de lo extranjero o aferrarse a lo considerado nacional, lo propio. Dos aspectos del mismo discurso de odio que busca cualquier pretexto para la división de los seres humanos con fines políticos. Tan de moda en el siglo XIX, tan destructor en tiempos nazis, y tristemente tan retomado por populistas de derecha como Donald Trump.

Preferir lo extranjero, por el simple hecho de que sea extranjero, es tan estúpido o irracional como preferir lo nacional, por el simple hecho de que es nacional. Pero finalmente el llamado malinchismo no es más que la otra cara de una moneda llamada nacionalismo; ambos lados responden a intereses ideológicos, económicos y políticos y ninguno tiene nada que ver con la realidad.

El malinchismo como fenómeno habla también de los traumas que tenemos como pueblo y de los lastres que cargamos. En México vivimos de la ceguera nacionalista; ese mito importado de Europa ha sido el constante discurso legitimador y sometedor desde la revolución hasta el día de hoy. Es tal el peso del mito y el trauma nacionalista, que nosotros los mexicanos tenemos el orgullo de ser los que acuñamos el término *malinchismo* para que en todo el mundo hispano se refieran a la preferencia por lo extranjero.

Tanto miedo nos da lo extranjero, que hasta inventamos una palabra para vilipendiar al que no comparte este odio y temor: malinchismo. Lo más parecido que existía en nuestra lengua, antes de la aparición de los traumas mexicanos, para referirse a algo similar, eran el etnocentrismo, la etnofobia y la xenofobia.

Etnocéntrico es el nacionalista, el que gira en torno de lo propio, de lo de adentro, el que considera superior lo suyo en términos étnicos, raciales o culturales; el etnofóbico es evidentemente lo contrario, el que desprecia lo propio, lo de adentro, y prefiere lo de fuera. A ese en México se le dice malinchista, etiqueta que en realidad los nacionalistas colocan a todo aquel que no comparte su sesgado fervor patriótico.

Si, por el contrario, se desprecia todo lo extranjero por ese simple hecho, uno es xenofóbico... o, como quien dice, un chovinista, un ser cerrado a su propio grupo con tendencias que rayan en el narcicismo colectivo, una paranoia que ve conspiración y ataque en todo lo extranjero, y que sólo entiende de discursos nacionalistas. En México les decimos *patrioteros*.

Todos estos personajes o estas ideas parten de la irracionalidad, pues son tan sólo parte de discursos ideológicos muy sesgados. Y además, son conceptos que sólo sirven para la discriminación, el odio, la segregación y la división. Todas son creencias limitantes... como todos los sistemas de creencias.

Para poder mantener el mito nacionalista o etnocéntrico, y ya que la mente humana siempre piensa en contradicciones, necesitamos la contraparte que es el malinchismo. Da lo mismo: en ambas caras de esta misma moneda se parte de estar a favor o en contra de lo propio, de lo nuestro, de lo de adentro, de nuestra raza, nuestra lengua y nuestra cultura.

Ahí están los límites: se nos enseña que hay cosas que son nuestras y cosas que no lo son, se nos educa para pensar que el individuo pertenece a la nación, cuando el individuo es una realidad y la nación es una abstracción. Se nos instruye a valorar algo a lo que llaman "nuestra cultura", conformada por una serie de ideas y tradiciones que nunca son nuestras, sino una herencia del pasado, una herencia a la que aparentemente debemos estar encadenados.

El mito nacionalista, basado en la estúpida idea de que una lengua, y una supuesta raza, es superior a otra, es un invento europeo que se extendió por el mundo como casi todos los tipos de cáncer: aniquilando. Comenzó a nacer lentamente en el siglo XVI, fue el centro de la política y la cultura en el XIX y llegó a sus más destructivos extremos en el siglo XX: los fascismos y el nazismo no fueron la ocurrencia de unos locos; fueron el resultado ineludible del pensamiento nacionalista.

Antes, las masas eran movidas con discursos religiosos; el nacionalismo, que no es más que una religión secular controlada por el Estado, fue el sustituto moderno. Pero después de la Segunda Guerra Mundial, gracias a los nazis, el nacionalismo como discurso ideológico pasó a ser mal visto, además de que la nueva era de economía global necesitaba mitos supranacionalistas, mitos y aprendizajes de globalización.

Pero como a América Latina todo llega tarde, aquí comenzamos a exaltar el nacionalismo cuando en el Viejo

Mundo ya estaba siendo desmantelado, y no hemos superado el nacionalismo cuando los europeos, sin memoria histórica, ya lo están recuperando.

Además, en México también está el factor ideológico propio; desde Lázaro Cárdenas se comenzó a construir lo que él llamó nacionalismo revolucionario como base de la identidad nacional y parte de este discurso dice que los mexicanos somos descendientes de los aztecas y que fuimos arteramente conquistados, sometidos y saqueados por los españoles. Ser un buen mexicano era odiar a todo extranjero como potencial conquistador; ahí es cuando la Malinche fue un símbolo perfecto.

Además, mientras el mundo se globalizaba, a nosotros nos dio por una economía de fronteras cerradas a la que llamamos "sustitución de importaciones" que acompañaba al mito de México como país autosuficiente, capaz de producir adentro todo aquello que podría comprarse afuera.

Con una economía nacionalista con la mirada puesta en el pasado, era importante tener un muy buen y profundo improperio para designar a todo aquel mal mexicano que prefiriera las cosas mejor hechas en otros países: nació el malinchismo y los malinchistas, estrategia para reforzar el nacionalismo recalcitrante que tanto daña a los mexicanos incluso en el siglo XXI.

En realidad, deberíamos dejar de ser las dos cosas: dejar de ser malinchista o nacionalista, mexicano o extranjero, y madurar hasta ser simplemente humanos.

UN SOLDADO EN CADA HIJO:
EL VENENO NACIONALISTA

Qué noble morir por la patria, qué heroico dar la vida por la nación, qué romántico sucumbir al defender una causa superior.

La misma historia se ha contado siempre con distintos discursos. Desde el inicio de la civilización hasta los tiempos actuales el mundo siempre ha tenido amos, y esos amos siempre han necesitado que otros se maten por sus causas. Eso fue el veneno nacionalista a partir del siglo XIX, programar a pueblos enteros, a tropas completas de jornaleros y proletarios, de artesanos y comerciantes, de estudiantes e intelectuales, con la idea de morir por defender una abstracción: la nación, y una realidad detrás de la abstracción: los intereses de los poderosos.

Los ejércitos y los soldados son parte central de la historia de la humanidad. Los poderosos de todas las épocas han necesitado usar a la gente como arma; por eso siempre ha habido ejércitos, y por eso siempre han existido mitos, leyendas, fábulas, cantos, poemas y odas que enaltecen al ejército, al guerrero, al héroe, al que mata y se deja matar por una causa noble.

179

Siempre han existido discursos para morir y matar, para hacer romántica y heroica la guerra. El discurso europeo por excelencia y durante siglos fue la religión: morir y matar por dios. Poco a poco fueron cayendo los regímenes que legitimaban el poder con dios, para dar paso a los que lo legitimaban con el pueblo. El nuevo discurso para matar y morir, el democrático, fue precisamente el nacionalismo.

Comencemos por lo obvio: los ejércitos y los soldados son para matar personas, para eso surgieron desde el inicio de la civilización, para eso se enaltecieron durante el nacionalista siglo XIX, y para eso sirven hoy en día. Cualquier otra cosa es una farsa. Pero así son las cosas en la sociedad del simulacro a nivel mundial: una ONU que declara guerras, premios de la paz para asesinos masivos como Barack Obama, Estados que combaten al terrorismo o al narco que ellos mismos generan, y los llamados ejércitos de paz.

Pero ¿a quién defienden históricamente los ejércitos? ¿Al pueblo? El ejército que defiende a un pueblo evidentemente ataca a otro, y lo hace por órdenes de los poderosos de cada país. El pueblo no es enemigo del pueblo de otros países hasta que los amos y poderosos de los países se enemistan entre sí y le venden dicha enemistad a sus pueblos, siempre por ambiciones, recursos, territorios que nada tienen que ver con el pueblo.

Hace miles y miles de años, en los albores de la civilización, el faraón de Egipto tenía ejército, que no era para defender al pueblo egipcio de otros pueblos, sino para engrandecer su poder, su territorio y sus dominios usando a su pueblo como arma. Eso ha sido siempre un ejército: personas convertidas en armas por los poderosos. El ejército egipcio no defendía al pueblo; defendía al faraón, y lo defendía principalmente de cualquier rebelión que surgiera dentro del pueblo. Poco ha cambiado en la historia de las civilizaciones.

Alejandro Magno contó con un gran ejército que nunca tuvo como objetivo defender a su pueblo, sino atacar a otros, para la mayor gloria de Alejandro y no del pueblo. Así pasó con el ejército persa al que se enfrentó y así pasó con todos los ejércitos griegos. Roma fue un gran imperio gracias a su ejército, comandado por nobles, pero formado por el pueblo, el cual moría en las batallas para mayor gloria del César y de los nobles, pero no del pueblo.

En la Edad Media europea los ejércitos eran particulares. Cada señor feudal tenía su propio ejército, pagado por él mismo, con dinero que obtenía de los tributos del pueblo. Dichos ejércitos eran para que los señores lucharan entre sí, para acrecentar su poderío, con su pueblo como arma. En la era monárquica europea (siglos XV a XVIII) los ejércitos estaban formados por mercenarios, pagados por los reyes con los impuestos del pueblo, para derrotar a otros reyes y robar sus dominios… Y para aniquilar a su propio pueblo si decidía rebelarse.

En la revolución francesa el pueblo se levantó en armas contra un régimen absolutamente insensible a los problemas y los sufrimientos del pueblo. El rey dio la orden de que el ejército, formado y pagado por el pueblo, disparara contra el pueblo en defensa del rey. Lo mismo ocurrió en el primer intento de revolución rusa, en 1905. El pueblo, literalmente muriendo de hambre, salió a las calles a protestar contra el zar. La orden fue que el pueblo fuera masacrado por un ejército formado y pagado por el pueblo.

Pero los ejércitos, como los conocemos hoy, son resultado del siglo XIX, tan supuestamente laico y antirreligioso, y tan nacionalista. El derrumbe de las monarquías, basadas en la religión, dio paso a los gobiernos democráticos y republicanos, basados en el nacionalismo, que no es más que otro tipo de religión que no rinde culto a dios sino al Estado, pero que igual se basa en dogmas, creencias, rituales, imágenes, veneración y símbolos.

Bajo las monarquías, un rey de cualquier nacionalidad podía gobernar a cualquier pueblo, formar su gobierno con personas de diversos orígenes y tener un ejército de mercenarios sacados de diversas partes del mundo. Con el nacionalismo laico la idea es que un pueblo debe tener un Estado y que el gobernante debe ser parte del mismo pueblo. Evidentemente, los ejércitos deben ser ciento por ciento nacionales, y se lucha más por la lealtad que por el pago.

El siglo XIX, el siglo de los nacionalismos, podría resumirse en que la idea política era: Inglaterra para los ingleses, Francia para los franceses, Alemania para los alemanes. Para ello fue necesario inculcar el nacionalismo, el culto a la nación, a un pueblo determinado, con la idea de superioridad, el culto a una lengua, a su literatura, a su folclor y a su cultura, como superiores, y de todo lo anterior inventar la idea de una supuesta raza, evidentemente también superior.

En el siglo XVII las guerras fueron por religión; en el XIX fueron por nacionalismo. En ambos casos fueron por poder y ambición de unos cuantos, y la religión o el nacionalismo fueron sólo el discurso para mover a las masas. Como el nacionalismo siempre ha sido un discurso de odio para convertir a los individuos en masa, y a la masa en armamento, todo país bélico o en guerra se dedica a promover el nacionalismo.

El siglo XIX vio nacer en Europa a los países modernos que surgieron del derrumbe monárquico. Las fronteras, los recursos y la riqueza de dichos países se delimitaron en guerras donde el pueblo mató y murió inflamado por el nacionalismo. Fue en ese siglo cuando cayó el Imperio español y nacieron los países de la América Latina, entre ellos México. Países que nacieron al amparo del nacionalismo, que lo usaron como discurso en las guerras para delimitar y ampliar sus fronteras, para justificar dictaduras, de izquierda o de derecha, y para alimentar a su pueblo en tiempos de crisis.

Europa es un territorio muy pequeño donde se hablan muchas lenguas. Como el territorio es pequeño, las guerras territoriales fueron constantes; como las lenguas que se hablan son muchas, siempre hubo muchos nacionalismos para alimentar esas guerras. Eso busca el nacionalismo: cualquier pretexto para dividir, para hacer sentir al individuo que es diferente a otro, sólo porque es de otro color, tiene diferentes rasgos, habla otra lengua, tiene otras ideas o profesa otra religión.

Por eso todos los himnos nacionales son diversas formas de odas a la violencia. Los himnos nacionales son producto el siglo XIX y el nacionalismo. Cantos heroicos para envenenar con nacionalismo los corazones de los jóvenes que serían usados como arma para que los poderosos distribuyeran poder y fronteras. Fue así en Europa y en América.

Pero si el nacionalismo es absurdo en Europa, en la América hispana siempre ha sido un desatino total. En toda esa América los procesos de liberación, igual que en México, fueron encabezados por criollos, es decir, por los blancos descendientes de los conquistadores que siglos atrás habían sometido a los indios.

Los libertadores fueron criollos que eran tan españoles como el de la península ibérica, que hablaban español y que profesaban la religión católica traída por España. Pero ellos se levantaron en armas contra España... contra el país y el pueblo con el que compartían etnia, cultura, lengua y religión.

Aun así, los criollos comenzaron a urdir un discurso nacionalista. Todo nacionalismo necesita pretextos para dividir. En la Nueva España (México), por ejemplo, la única diferencia que se encontró fue la veneración española a la virgen de los Remedios, y la de indios y mestizos a la de Guadalupe. Por eso la Guadalupana fue el símbolo de la insurgencia.

Una vez concluido el proceso de independencia, México quedó geográficamente atado a los nacientes Estados Unidos y alejado del resto del mundo hispano en Sudamérica. En dicho continente los nacionalismos siguieron su absurda marcha desde inicios del siglo XIX hasta el XXI: hermanos de historia, etnia, lengua, cultura y religión, buscando en qué demonios pueden ser diferentes. Ese veneno es el nacionalismo. Y todo ejército debe ser inoculado con dicho veneno.

En el siglo III Roma llegó a tener medio millón de soldados; Europa no volvió a ver medio millón de soldados marchando en su suelo hasta tiempos de Napoleón, que con esa cantidad de franceses invadió Rusia. No lo hizo por Francia, sino por Napoleón, aunque para ello tuvieran que morir cientos de miles de franceses.

Un siglo después Europa vivía las guerras mundiales. En 30 años, de 1914 a 1945, murieron en Europa 80 millones de jóvenes de diversos países y pueblos. A todos les envenenaron el corazón con nacionalismo, todos pensaban que morir matando era heroico, que dejarse matar por la patria era romántico… Todos, parte del pueblo, pensaban que luchaban por el pueblo. En todos los casos lucharon por las ambiciones de los poderosos, para que los amos y señores de sus países pudieran aumentar sus imperios coloniales y su poder.

En esa misma época y desde el siglo XIX, plena revolución industrial, si la clase obrera se ponía en huelga, era sometida y reprimida por su propio ejército. De igual modo, negarse a ir a una guerra que no era propia y de la que los individuos no iban a ganar nada, se consideraba traición; entonces, en lugar de morir en manos del enemigo, morías fusilado por el ejército de tu propio país… de tu pueblo.

Ochenta millones de jóvenes murieron en Europa en 30 años de guerras mundiales. En ese mismo periodo fueron 180 millones los soldados que marcharon por el continente. Ciento ochenta millones de máquinas de matar en una Europa de 410 millones. La tercera parte de la población dispuesta a matar y dejarse matar por defender algo tan abstracto como la "patria". Lo mismo que morir por dios.

Los ejércitos siempre han sido las máquinas de matar de los poderosos, siempre han reprimido a su propio pueblo, siempre han sido pagados por los amos del mundo… con impuestos que le cobran al pueblo.

Una vez entendido el falso romanticismo o heroísmo del guerrero y el nacionalismo, apliquémoslo a México y a su historia. La propia conquista de los mexicas, que no de México, no la llevó a cabo un ejército, sino Cortés al mando de 800 aventureros, apoyados por cientos de miles de indígenas sojuzgados por los mexicas, algunos frailes, y el virus de la viruela.

No había, evidentemente, nacionalismo. Los mexicas luchaban por defender su poder; los otros pueblos indígenas lo hacían motivados por el odio a los mexicas, y los españoles con dios como pretexto y la ambición como causa. Hay muchos pretextos para la guerra, pero una sola causa: la ambición.

Después, en tres siglos de virreinato, no existía de hecho un ejército en la Nueva España, o una ocupación militar española. No era necesario, la virgencita había hecho su trabajo, la conquista espiritual quedó consumada y la que estaba sometida era la mente de los indígenas, que eran los más fervorosos creyentes ante al altar y los más leales súbditos de la Corona. En 1810, cuando Hidalgo comenzó su movimiento, no había más de 10 000 soldados en la Nueva España.

Durante todo el proceso de independencia el ejército virreinal estaba formado por españoles, criollos, mestizos e indios, mientras que las tropas insurgentes estaban formadas por… españoles, criollos, mestizos e indios. Una guerra civil para decidir si el tirano que los sometería a todos viviría en Madrid o en la Ciudad de México. Dos siglos después, el tirano que nos somete a todos vive en la Ciudad de México y difícilmente podría eso entenderse como independencia o libertad.

A partir de su independencia, México se fue haciendo un país militarizado, donde todo el poder dependía del ejército, que se fue convirtiendo en la clase de élite, si se aspiraba a mandar, y el único empleo seguro, si se aspiraba a sobrevivir. En el siglo xxi las diferencias son muy sutiles.

En 1810 había en Nueva España unos ocho mil soldados; para 1845 había en México casi ochenta mil. Diez veces más soldados, con menos territorio, la misma población… pero algo que no existió durante tres siglos: inestabilidad política. La estabilidad política de la Nueva España se debía a que no había acceso al poder de ninguna forma; no tenía caso pelear por él. La inestabilidad del México libre se debió precisamente a que comenzó la violenta competencia por arrebatarse el poder unos a otros. Como señaló Octavio Paz, en México el poder siempre ha importado más que la riqueza.

En 1847 Estados Unidos invadió México. En algunas ciudades del país recibían de brazos abiertos al soldado invasor porque se comportaba con más decoro que las rapaces tropas nacionales. En esa guerra no estuvo unido el pueblo ni el ejército.

En la batalla de Molino del Rey las tropas mexicanas estaban a punto de la victoria, faltaba la carga de 3 000 jinetes de caballería al mando de Juan Álvarez, que como era enemigo personal de Santa Anna, decidió no rematar al invasor. En la batalla entre nacionalismo y ambición ganó la ambición. El nacionalismo no es para que se lo crean los poderosos; es para que lo crean las masas que sirven de arma a los poderosos.

La guerra civil mexicana, o de Reforma, de 1858 a 1861, enfrentó al pueblo contra el pueblo en ejércitos separados, para que unos pocos se pelearan por el poder. La nación en un bando, y dios en el otro, fueron los discursos para matar y morir. En 1862 invadió Francia al país, lo cual dio impulso al discurso nacionalista de los liberales, y en 1864 comenzó el imperio de Maximiliano, lo cual lo inflamó un poco más. El ingenuo Max no tenía las tropas suficientes ni el discurso adecuado.

A partir de 1867, con la derrota de Maximiliano y la restauración de la república, comenzó la era del progreso de México, con Juárez, Lerdo y Díaz. Progreso significó para Juárez despojar a los indios de sus tierras comunales, con el ejército cuando no se dejaban, y con el progreso de la nación como bandera. Para Lerdo fue construir el primer ferrocarril, con indígenas que podían morir sin pena ni gloria en los trabajos… por la nación.

Para Díaz significó ferrocarriles, presas, hornos, minas, sin importar cuántos proletarios murieran en el proceso, o incluso enviando al ejército, formado y pagado por el pueblo, para obligar al pueblo a entrar a minas que eran trampas de muerte. Así fue la revolución industrial en México y en el mundo; el famoso precio del progreso. El problema es que el precio siempre lo han pagado unos y el progreso lo han disfrutado otros.

Ya caído Díaz y con Madero en el poder, nuestro famoso apóstol de la democracia no dudo en mandar al ejército contra Zapata, es decir, contra el pueblo… evidentemente por el bien de la nación. Aunque en 1913 fue derrocado precisamente por parte del ejército.

Entre 1913 y 1914 dos ejércitos recorrieron México destruyéndolo, usando al pueblo como arma y botín, y a la nación como pretexto: los federales de Huerta y los constitucionalistas de Carranza. A partir de 1915 y hasta 1917 diversos ejércitos lucharon entre sí por todo el país usando al pueblo como arma, munición, carne de cañón y lo que fuera necesario.

En la década de los veinte comenzó a serenarse la revolución y a organizarse el poder. Primero Álvaro Obregón (1920-1924), después Elías Calles (1924-1928), luego los títeres de Calles (1928-1934) y finalmente Lázaro Cárdenas.

A partir de Obregón, con la revolución sosegada, comenzó poco a poco a institucionalizarse el país, y cuando urgidos de dar identidad al pueblo que había que someter, se fue creando, promoviendo y educando el nacionalismo mexicano, ese que Cárdenas convirtió en el llamado nacionalismo revolucionario, la obsesión por la revolución eterna, con tintes un tanto nacionalistas, un tanto indigenistas, un tanto comunistas... Y con prácticas un tanto fascistas.

El Tata Cárdenas merece capítulo especial; sólo hay que decir que en su gobierno había una sola forma de hacer las cosas, la suya, y un ejército listo a reprimir al que no compartiera dicha visión. La represión de huelgas y movimientos obreros en manos del ejército fue inmensa, y las elecciones de 1940 todavía se efectuaron en medio de balazos revolucionarios para conservar el poder.

En 1940 las opciones que la democracia ofrecía a su pueblo eran tan terribles como las de 2012: o la extrema izquierda estalinista representada por el general Múgica, que era el candidato de Cárdenas, o la extrema derecha fascista representada por el general Almazán. Al final Cárdenas accedió a un candidato más moderado, el general Ávila Camacho y, por si acaso, el día de las elecciones hubo matones en las ciudades. Barrios y cuadras donde era popular Almazán.

Fue muy turbia la imagen del ejército a partir de 1968, en las décadas de los setenta y los ochenta; poco a poco se iba limpiando en los noventa cuando llegó el zapatismo y el ejército se enfrentó al pueblo. Ahora esa imagen se limpia y se mantiene honrosa con el Plan DN 3. Tenemos la suerte geográfica de contar con dos terribles temporadas de huracanes que destruyen el territorio cada año. Esa temporada de damnificados permite a los políticos ganar votos, y al ejército salvar al votante y a la imagen del ejército.

Es cierto, en cada tormenta, incendio forestal, inundación, huracán… ahí está el heroico ejército mexicano rescatando al pueblo. No tendría que haber nada heroico ni glorioso en que un cuerpo de choque formado por el pueblo, mantenido por el pueblo, entrenado con recursos del pueblo… salve al pueblo de vez en cuando.

El ejército mexicano es leal a la patria. Eso es el más amplio, abstracto y prostituible de los conceptos. ¿Qué o quién es la patria? ¿Es el territorio, los recursos, las instituciones, el gobierno o el pueblo?… ¿O lo que convenga según las circunstancias? Si la lealtad a la patria se entiende como lealtad a las instituciones, evidentemente es lealtad al comandante supremo, al presidente… ¿incluso si éste se convierte en enemigo del pueblo?

Pero por encima de una escueta revisión histórica en la que se puede o no estar de acuerdo, hay una reflexión fundamental: ¿por qué un país sin enemigos, y en paz con otros países, tiene un ejército de unos 200 000 elementos? No estamos ni estaremos en una guerra, no aportamos cascos azules a la ONU, no somos parte de la OTAN u otro grupo de unión militar. No pensamos invadir a nadie, no entraremos en guerra contra Cuba, Belice o Guatemala, y ni siquiera tiene caso mencionar a Estados Unidos.

Un país que no está en guerra y no tiene países enemigos sólo tiene un ejército de 200 000 elementos por una razón: porque el enemigo es el pueblo. Ahí está el ejército, no el mexicano en específico, sino la institución, como siempre en la historia, al servicio de los poderosos, que los mantienen como élite privilegiada, con recursos del pueblo, para mantenerse en el poder, incluso contra el pueblo.

Muchos se preguntan por qué en México no hubo dictadura militar en el siglo XX, como ocurrió en casi toda

Latinoamérica. Lo interesante es que eso significa que el mexicano no vio su dictadura militar a lo largo de todo el siglo xx. Porfirio Díaz gobernó militarmente tres décadas y de la revolución emanaron gobiernos militares. Fue apenas a la mitad del siglo xx cuando los civiles tomaron el poder en México. Dicho de otra forma, cuando los militares dejaron a los civiles ocupar el puesto y retirarse detrás del poder.

El mito nacionalista, en México y en el mundo, siempre apoya al ejército, a la guerra constante, al conflicto y, evidentemente, al odio, ya que todo nacionalismo implica una identidad colectiva y esa identidad siempre necesita un otro, un ajeno, al de afuera que sea causante y culpable de los males nacionales.

El enemigo está fuera, ese es un pilar del nacionalismo. El problema nunca somos nosotros. Es fácil hacer que ese sea el pensamiento colectivo, porque ese es, de hecho, en México y en el mundo, en la condición humana, el pensamiento básico de cada individuo: el problema no soy yo. En México eso piensa cada individuo y eso piensa cada sector social, cada partido, cada organización, cada religión.

Pero, además, en México se vive la revolución sin fin, porque eso fue el nacionalismo revolucionario, ese fue el pensamiento colectivo que fue estableciendo y construyendo el régimen a partir de 1929; a través del control de la educación, los maestros y los textos; a través del control del arte, la cultura y hasta el folclor, del cine y la comedia ranchera, del muralismo imponente en edificios públicos, de Jorge Negrete y Diego Rivera, de cantos patrióticos cada lunes por la mañana.

Ese nacionalismo revolucionario fue el virus que se inoculó en el alma colectiva de México en los gobiernos posrevolucionarios y que cada mexicano culturizado y educado por el régimen simplemente ha repetido de una generación a otra. Esa es una de las principales razones por las que México vive en el pasado, es terriblemente conservador, y se atemoriza por la única certeza del mundo: el cambio.

El nacionalismo fue la religión laica de los siglos XIX y XX. Con nacionalismo inflamó ya Napoleón a sus tropas, con nacionalismo se convirtió en imperio Inglaterra y se unificó Alemania… Y con nacionalismo llegaron Mussolini, los nazis y el fascismo en general. Con nacionalismo se desangró Yugoslavia en una década de guerras, invadió Putin la península de Crimea y ganó Donald Trump las elecciones en Estados Unidos.

El nacionalismo, como toda religión, como todo sistema de poder y de control social, requiere odio, división y enemigos. Necesita que todo individuo pierda su original individualidad y así no pueda darse cuenta de que todos somos lo mismo, de que todos estamos hechos del mismo polvo de estrellas, de que todos nacimos con la misma mente en blanco que ha sido programada, y de que todos somos manipulables porque tenemos miedo.

Todos tenemos miedo, ahí está el centro de todo. El miedo es la emoción primaria detrás de cada rencor, de cada acto violento, de cada discurso de odio.

Para luchar contra el miedo comenzamos a agruparnos, a buscar líderes, a pretender que hay caminos trazados, a buscar las reglas de una vida a la que llegamos sin un instructivo. Hemos creado instrucciones desde entonces, caminos que nos parecen seguros. Les llamamos familia, clan, tribu, nación, religión ideología… Y todos esos grupos unieron a unos pocos y separaron a todos de todos. Buscando seguridad contra el miedo generamos más miedo.

Todos esos grupos, todas esas programaciones ideológicas comenzaron a tenerse miedo entre sí. Cada sistema de ver, entender y enfrentarse a la incertidumbre de la vida comenzó a desconfiar de los que inventaron sistemas diferentes basados en el mismo miedo... Comenzamos a pelear por defender ideas, conceptos, abstracciones como dios, patria, nación, democracia, civilización o libertad. Desde entonces tenemos más miedo.

El nacionalismo, como la religión, es un culto tribal y totémico. Sistemas de creencias para defendernos del miedo a lo desconocido, que generan miedo entre diversos grupos de seres humanos, religiones, ideologías. El nacionalismo es un veneno y como tal sólo puede matar. Un soldado en cada hijo tiene la patria... y se han peleado entre ellos durante 200 años.

RÉQUIEM POR MÉXICO

México agoniza, todos señalan culpables, todos se sienten inocentes y esconden la mano. Todos se lamentan de la vileza de Masiosare, pero sin mirarse en el espejo.

El inmenso descontento del pueblo se menciona a diario, el hastío social se respira a cada segundo. Las corrupciones y los abusos se denuncian a granel. La voz de México se hace sonar: grita, clama, suplica, exige, ruega. Pero México deja clara su vocación autodestructiva; es una lástima, era un bonito país. Un poquito menos de egoísmo y hubiera sido un gran proyecto. ¡Lástima, México se nos fue!

Los partidos hacen leña del árbol caído y se arrebatan sus tajadas y buscan sus prebendas. No hay dinero en el país, pero ellos siguen con cinturón amplio y cuchara grande. Dejar de gastar en partidos, en asesores inútiles, en exceso de diputados y senadores incompetentes con sueldos de marqueses nos daría un gran respiro económico. Los partidos lo saben, pero a ninguno le importa.

Ser más competitivos, producir más y mejor, industrializarse y competir, ganarse la riqueza con el sudor; eso saca adelante a cualquier sociedad. Pero aquí la revolución creó feudos, los sindicatos charros que succionan el erario cual vampiros. Sin sus marchas y sus protestas, sin sus pancartas de frases gastadas, sin sus revoluciones sin sentido y sin sus privilegios, el país avanzaría. Todos los sindicatos y sus miembros lo saben. A ninguno le importa.

La educación es la clave, aquí y en todo el mundo. México gasta, proporcionalmente, el doble que Corea del Sur en educación. Ellos están en el tope de las evaluaciones mundiales de la OCDE y nosotros hasta abajo. Memorizar no sirve de nada; lo útil es pensar. Nuestros niños no hacen ninguna de las dos cosas.

Si las plazas se ganaran en vez de heredarse, si los maestros estuvieran mejor educados, si no perpetuaran la revolución como idea de solución, si no se aferraran a que es obligación del gobierno repartir riqueza, en vez de que el individuo la genere... Si todo eso pasara iríamos al futuro. El sindicato lo sabe, los líderes lo saben, la SEP y el presidente en turno lo saben. Es como en "La boa", todos lo saben, pero nadie hace nada. A nadie le importa.

La educación tecnológica y profesional construye futuro, desarrolla países y saca de la pobreza. Pero la educación cuesta y aquí seguimos pensando que es un regalo y no un privilegio del que se la merece. La educación superior debe cambiar, debe de modernizarse, debe costar para el que puede y ser gratuita para quien tenga méritos. La meritocracia lleva al progreso. Lo sabe la UNAM, lo sabe el CGH, lo saben los estudiantes y el sindicato. A nadie le importa.

Tener más de tres partidos es inútil, y un INE dominado y domado por los partidos es un gasto inútil que no nos acerca ni un milímetro a la democracia, pero genera más derroche. Lo saben los partidos, lo sabe el gobierno, lo sabe el INE. A nadie le importa.

Gastar más en la imagen de los políticos que en la ciencia y le tecnología condena a cualquier país al pasado más arcaico. Hacer que la economía dependa de la política, y que las reformas dependan del reparto de privilegios nos deja en el quietismo, y el quietismo es muerte. Lo sabe toda la clase política. A nadie le importa.

Generar clase media a través del salario decente y ético propicia mercado interno; eso empuja a la economía de todo el país. Que la inmensa mayoría de la gente sea clase media es la única forma de que haya un proyecto común e intereses unidos. La polarización genera grupos de poder desinteresados del bien común. Lo saben todos los empresarios, los legisladores y el gobierno. A ninguno le importa.

La superstición y la fe ciega, el miedo a lo moderno y a la ciencia, y a todo cambio social genera estancamiento. El miedo y el odio a los diferentes, a las otras ideas, a las nuevas estructuras sociales, va sumiendo a un país en el pasado. Lo sabe la Iglesia, lo sabe don Norberto; pero a nadie le importa.

La verdadera unión de todos los mexicanos es la única forma de salir adelante. Lo sabe todo México, lo saben los grupos de poder, las facciones, los partidos, las mafias y todos esos grupos que dividen para obtener provecho propio. A nadie le importa. Mirar sólo a tres y seis años pensando en el poder destruye a un país. A los políticos no les importa.

Parece que a nadie le importa. Un minuto de silencio… A menos que a ti te importe. Si es así, es imperativo que encuentres a Masiosare, esa es la única esperanza.

¿Y DÓNDE ESTÁ MASIOSARE?

Masiosare es extraño, pero no extranjero. Se esconde en los mitos que se siguen y te sigues contando; está en la historia que seguimos sin querer ver, está oculto en lo profundo del inconsciente colectivo de México y el mexicano, en sus condicionamientos psicológicos y en sus patrones de conducta, en su gandallismo y su chingonería, en su violencia disfrazada de machismo y de honor herido, en su mente racista e inquisidora, clasista e intolerante.

Masiosare está en el conflicto, ese que traemos en las venas, en el cuerpo y en el alma, en la vida diaria, en los discursos, en nuestro himno, y desde luego en nuestra bandera. Nos pasa con el conflicto eterno lo mismo que con la pobreza: sin darnos cuenta lo hemos convertido en virtud y lo hemos ensalzado como tal. La interminable lucha entre las ovejas sólo beneficia al pastor al que nunca se le rebelan, y desde luego, al lobo que puede devorarlas a todas.

Masiosare está en la violencia. México nació de la violencia y nunca ha evolucionado a un estado superior. Eso es, en gran medida, porque desde que éramos Nueva España, y hasta el siglo XXI, nunca cambiamos en realidad la estructura racista, clasista, intolerante y violenta de nuestra sociedad. No lo hizo la independencia, no lo hizo la guerra de reforma, no lo hizo la revolución y no lo ha hecho ningún movimiento del siglo XXI.

México tuvo dos grandes periodos de paz social: uno fue el Porfiriato (1876-1910) y otro fue la "buena" época del PRI (1940-1968). Lo que tristemente tienen en común ambos periodos fue la represión, el autoritarismo, la fuerza bruta de un Estado contra su pueblo... como si fuéramos unos niños salvajes que sólo saben contenerse a golpes, que sólo dejan de golpear cuando hay miedo a que alguien los golpee más fuerte. Nunca hemos sabido de otra forma que no sea violencia, nunca hemos sabido dialogar, nunca hemos sido empáticos, nunca hemos probado los zapatos del otro.

Masiosare está en la insensibilidad social. No puede haber unidad cuando en las mismas fronteras conviven el hombre más rico del mundo y decenas de millones que ganan en un año, o en la vida, lo que ese hombre se puede gastar en una comida. No puede haber paz, ni proyecto de nación, cuando lo que un mirrey de la clase alta se gasta en una parranda de fin de semana es más de lo que un obrero verá quizás en 10 años de trabajo.

Masiosare está en la división. Nunca ha existido un solo México y nunca lo habrá mientras no saquemos de cada uno de nosotros el rencor, la ira, el odio, la violencia... que es tan difícil de sacar ante la situación anteriormente descrita. Pero esa voracidad, ese gandallismo, esa intolerancia, todo eso que somos en realidad, más allá del cuento hermoso que nos contamos de nosotros mismos, recorre nuestros genes culturales desde siempre. La única forma de cambiarlo es comenzar por aceptarlo.

¿Ya encontraste a Masiosare?, ¿ya lo buscaste bien?, ¿ya dejaste de buscar alrededor y señalar?, ¿ya te acercaste al espejo? Todos somos Masiosare; todos, en mayor o menor medida, llevamos dentro de nosotros al extraño enemigo de México. ¿Tú construyes o destruyes a México? Sólo tú lo sabes. Tú, yo, todos lo somos. Todos tenemos dentro algo de lo que tanto criticamos en los demás y no vemos en nosotros mismos.

El problema de México es su gandallismo, división y egoísmo transmitido por generaciones. Es por eso que la solución que México necesita se basa en un solo pensamiento, la única batalla contra Masiosare, un principio de crecimiento personal que si logra llevarse al alma colectiva derrota a cualquier enemigo: PRIMERO LOS DEMÁS. No esperes a que cambie el otro para hacer tu propio cambio; así es como llevamos dos siglos postergando el cambio que México necesita. El pretexto del abusivo siempre es que otros abusan… Y nadie deja de abusar nunca.

PRIMERO LOS DEMÁS, pensar en los demás como si fuéramos nosotros mismos es la única cura para el gandallismo que nos carcome. No lo hagas en espera de que los demás lo hagan; hazlo porque es, en realidad, lo único que tú sí puedes hacer. Tratar de cambiar a otros, al presidente, a los partidos, a la sociedad, es un acto de postergación; es un pretexto y una evasión. Más aún, cuando quieres cambiar a la sociedad, lo quieres hacer según tus proyectos, y volvemos al dominio, a la imposición, a la violencia.

Sea cual sea el lado en que estés en todos los conflictos, estar de un lado del conflicto es apoyar el conflicto mismo. Sea cual sea tu lado, revisa tu interior y observa lo que piensas de los que están en el bando contrario, a los que llenas de etiquetas y catalogas como estúpidos o ignorantes. Observa esa ira dentro de ti, esa intolerancia, ese odio… Y pregúntate qué harías con todo eso si tuvieras el poder.

No existe la sociedad, existen los individuos; eso a lo que llamamos sociedad es el reflejo de nosotros mismos… no de los policías, no de los políticos, no de los otros… Es el reflejo de ti. El México lleno de violencia es reflejo de tu interior lleno de violencia, de tu intolerancia, de tu rabia, de tu egocentrismo, de los actos de corrupción que críticas en otros, pero autorizas en ti, de tu agresividad al competir, de tu deseo de subir aunque eso signifique pisotear al de abajo, de tus aires de grandeza o de tu rencor social.

Sólo tú eres México, sólo tu cambio individual cambiará a México. Si quieres hacer una revolución, hazla donde siempre la has evadido: en tu interior. ¿Quieres hacer algo por México y el mundo? Haz algo por ti. Sal de tu pensamiento egocéntrico, observa tu interior, mira tu rencor y tu ira, y disuélvelos.

Mira al otro y deja de verlo como si fuera distinto a ti porque tiene otra religión, otra ideología, otra clase social, otro sistema de creencias. Esas cosas, que no son nuestro verdadero ser, sino programaciones mentales, nos hace pensar que somos diferentes y nos alienta a odiarnos.

Mira más adentro, más allá del odio, del egoísmo… Más allá del miedo que es la causa de todos los males. Mira más allá de las programaciones mentales que confundes con tu ser. Ahí verás seres humanos puros, simples, limpios, hermosos. Ahí verás a alguien que también ama a sus padres y a sus hijos, verás a alguien que también se deleita con la música y la poesía, a alguien que también llora y ríe; verás a alguien que sufre. Ahí te verás a ti mismo.

Tú eres la causa y la solución de todos los problemas. Declara la paz en ti y declárasela a los demás. Muchos problemas ya tiene México y estar en guerra entre nosotros no los hará más sencillos. Que México deje de estar al grito de guerra, que el pueblo deje de ser el eterno soldado de una patria que se ataca a sí misma. México es atacado por Masiosare; sólo tú puedes impedirlo. México necesita una verdadera revolución. Sólo tú puedes hacerla.

BIBLIOGRAFÍA

Aguilar Camín, Héctor, y Lorenzo Meyer, *A la sombra de la Revolución mexicana*, Cal y Arena.

Alemán Valdés, Miguel, *La verdad del petróleo en México*, Gandesa.

Campbell, Joseph, *El héroe de las mil caras*, FCE.

Duverger, Cristhian, *Cortés*, Taurus.

Fox, Vicente, y Rob Allyn, *La revolución de la esperanza*, Aguilar.

Galeana, Patricia (coord.), *El nacimiento de México*, FCE.

Krauze, Enrique, *Caudillos culturales en la Revolución mexicana*, Tusquets.

_____, *Siglo de caudillos*, Tusquets.

_____, *Biografía del poder*, Tusquets.

León-Portilla, Miguel, *Los antiguos mexicanos*, FCE.

Openhheimer, Andrés, *México en la frontera del caos*, Javier Vergara.

Paz, Octavio, *El laberinto de la soledad*, FCE.

Preston, Julia, *El despertar de México*, Océano.

Salinas de Gortari, Carlos, *La década perdida*, Debate.

Schettino, Macario, *Cien años de confusión. México en el siglo* xx, Taurus.

Séjourné, Laurette, *Pensamiento y religión en el México antiguo,* FCE.

Semo, Enrique (coord.), *Los frutos de la Revolución*, Alianza.

————— (coord.), *Oligarquía y Revolución*, Alianza.

Sierra, Claudia, *Historia de México a la luz de los especialistas*, Esfinge.

Silva Herzog, Jesús, *Breve historia de la Revolución mexicana,* FCE.

Vasconcelos, José, *La Flama*, Trillas.

Villalpando, José Manuel, *Benito Juárez*, Planeta.

Historia general de México, El Colegio de México.

México a través de los siglos, Océano.

AGRADECIMIENTOS

Gracias a Francisco de la Torre por confiar en lo que tengo que decir y proporcionarme un paraíso para la inspiración.

Gracias a todo el equipo de Penguin Random House por colaborar conmigo en trasmitir mis mensajes.

A Roberto y Ricardo por el apoyo.

A Andrés por confiar siempre en que habrá un buen libro, y a Fernanda por su delicado trabajo y esfuerzo para que mis libros sean su mejor versión posible.

Gracias a Quetzalli por su apoyo y orientación dentro y fuera de los libros.

Gracias a Sandra, Jessica, Marisol, Natalia y todo el equipo que colabora en dar a conocer mi trabajo.

Gracias a Roger por tanto interés en lo que hago, y por vestir este libro con su portada.

Gracias a Javo por la presencia incondicional de toda una vida.

Gracias a México por verme nacer…, espero verte renacer.

ÍNDICE

Masiosare, nuestro extraño enemigo de Juan Miguel Zunzunegui
se terminó de imprimir en abril de 2023
en los talleres de
Impresora Tauro, S.A. de C.V.
Av. Año de Juárez 343, col. Granjas San Antonio,
Ciudad de México